Karl Schultz, geboren 1957 in Wittenburg, einer Kleinstadt in Westmecklenburg. Evangelisch sozialisiert, Religionspädagogik in Pommern und Sachsen studiert. Tätig in der evangelischen Diakonie und später in der Jugendarbeit. 1998 zur katholischen Kirche konvertiert, Philosophie und katholische Theologie studiert, nach der Priesterweihe 2003 Kaplan und Studierendenseelsorger in Lübeck und seit 2010 Kiezpfarrer in St. Joseph, Hamburg-Altona.

KARL SCHULTZ

ZWISCHEN KIRCHE UND KIEZ

Ansichten eines Pfarrers

Mit einem Vorwort von Udo Lindenberg

Rowohlt Taschenbuch Verlag

Originalausgabe
Veröffentlicht im Rowohlt Taschenbuch Verlag,
Hamburg, Februar 2022
Copyright © 2022 by Rowohlt Verlag GmbH, Hamburg
Gedicht auf Seite 31: Hilde Domin, Es gibt dich.
Aus: dies., Sämtliche Gedichte.
© S. Fischer Verlag GmbH, Frankfurt am Main 2009.
Fotos Tafelteil © privat
Covergestaltung zero-media.net, München
Coverabbildung Udo Lindenberg
Satz aus der Adobe Garamond Pro
bei Dörlemann Satz, Lemförde
Druck und Bindung CPI books GmbH, Leck, Germany
ISBN 978-3-499-00785-9

Die Rowohlt Verlage haben sich zu einer nachhaltigen Buchproduktion
verpflichtet. Gemeinsam mit unseren Partnern und Lieferanten setzen
wir uns für eine klimaneutrale Buchproduktion ein, die den Erwerb von
Klimazertifikaten zur Kompensation des CO_2-Ausstoßes einschließt.
www.klimaneutralerverlag.de

*Der Gemeinde St. Joseph
auf der Großen Freiheit
und den Menschen auf dem Kiez
in dankbarer Verbundenheit
gewidmet*

INHALT

Vorwort
von Udo Lindenberg
9

Ansichtssachen
11

Weg wird Weg im Gehen
50

Das Jahr 2010
62

St. Joseph auf der Großen Freiheit
79

Der Mythos St. Pauli – ein Klischee?
84

Kirche der offenen Türen
88

St. Joseph by Night
93

**Udos Zehn Gebote und der Beginn
einer Freundschaft**
99

Ein Bulle, ein Pfaffe und ein Lude
119

Kneipen und andere Nachbarn
133

**Aspekte einer Gesellschaft und
einer Kirche der Zukunft**
163

Gedanken am Schluss
172

VORWORT

von Udo Lindenberg

Auf einmal stand er vor mir, der Gottesmann mit Hut und schwarzer Brille, und sprach mich an: «Ich bin Karl, der neue Kiezpfarrer, das ist doch auch dein Revier, der Kiez. Deine Bilder zu den Zehn Geboten müssen unbedingt in unserer Kirche St. Joseph auf der Großen Freiheit präsentiert werden.»

Gesagt, getan, da sind wir immer spontan flexibel. Im Januar/Februar 2017 wurde die Ausstellung in seiner Kirche realisiert. Es folgten zwei weitere 2017 in der Gaukirche St. Ulrich in Paderborn anlässlich des Liborifestes, ein Event, das von der Stadt und der katholischen Kirche gemeinsam im großen Stil veranstaltet wird, und 2018 in der Liebfrauen-Überwasserkirche in Münster anlässlich des Katholikentages – zwei Megaveranstaltungen ausgerechnet in den beiden «schwarzen» Bistümern, wo sich viele Katholiken an meinen Bildern erfreuten und sich inspirieren ließen. Nächste Orte sind in Planung, damit die Zehn Gebote etwas Licht in das gegenwärtige Dunkel bringen, denn der FC Vatikan hat mal wieder ein Eigentor geschossen: Segnungsverbot für Homosexuelle, das geht gar nicht, und das versteht auch keiner, nicht mal Karl. Und deshalb steht er absolut hinter der Ausstellung mit den etwas frechen und provozierenden Bildern, die zum Reflektieren, zum Dialog und zum Vordenken anstiften. Er ist der richtige Gottesmann auf dem Kiez. Er zeigt Haltung. Toleranz und Respekt, Offenheit und Freiheit sind Erkennungszeichen eines Mannes, der für seine Kirche malocht, obwohl sie ziemlich am Pranger steht, und teils zu Recht. Darunter leidet Karl wie ein geprügelter Hund. Bei vielen Gelegenheiten gelingt es ihm dennoch, eine Seite von Kirche zu vermitteln, die auch vorhanden ist – eine mitfühlende und solidarische Kirche und eine, die nicht von oben herab belehrend daherkommt. Da hat er keine Berührungsängste, der couragierte Gottesmann auf immer heißer Spur zwischen Kirche und Kiez. Er ist ein prima Kumpel und ein glaubwürdiger Sympathievertreter seiner angefochtenen Zunft, und deshalb ist er auch unser Panik-Seelsorger, ob am Grab, wo er gute und richtige Worte gesprochen hat, oder in der persönlichen Begleitung von Menschen aus der großen Panik-Family in Lebenskrisen – nie aufdringlich, aber immer am Start, wenn er gebraucht wird. In unseren Gesprächen während der Panik-Tour, auf dem Rockliner oder in der Panik-Zentrale taucht überraschend frohlockend sein Humor auf wie Phönix aus der Asche, das ist eine solide Basis. Für unsere Show und speziell für den «Jeremias»-Song war er unser Geheimrat für Kirchenfragen zu Themen wie Ehe, Zölibat und andere heiße Eisen. Er hat uns gut beraten. Die Dinge des Lebens aus seiner Sicht zu hören, bereichert viele Menschen – auch mich. Es müssten ein paar mehr Kirchenexperten seines Schlages unterwegs sein.

Hamburg, im Juni 2021
  Udo Lindenberg

ANSICHTSSACHEN

«Wir fahren auf Sicht» ist aktuell eine oft gebrauchte Redewendung. Schnell wird deutlich, dass es sich um Sichtverhältnisse handelt, um das Sehen und um das Gesehenwerden. Vielleicht wäre statt Sicht auch das Wort Blick angemessen. Ähnlich wie das Hören ist auch das Sehen ein sinnlicher Vorgang, und zwar ein individueller. Es geht um meine Sicht, um meinen Blick, um mein Gesicht. Nicht dieses Stammwort von seinem Ursprung her bis zur Gegenwart etymologisch zu erklären, ist meine Ab-Sicht, sondern vielmehr den vieldeutigen Klang zum Schwingen zu bringen, der entsteht, wenn wir von An-Sicht, Rück-Sicht, Welt-Sicht, Weit-Sicht, Kurz-Sicht, Vor-Sicht, Nach-Sicht oder von Aus-Sicht sprechen. Da schwingen eben auch unsere Erfahrungen und Standpunkte mit oder unsere Sichtweisen, unsere Blickrichtungen, manchmal auch bloß unsere Träume und Phantasien – aber was heißt hier «bloß»? Die lebendige Sprache, so glaube ich, ist ein wesentliches Element der Mitteilung. Ich teile etwas mit, ich teile mit anderen etwas. Dabei nehme ich dieses Wort streng und wörtlich. Nicht nur als «Mitteilung» über irgendetwas, sondern als wirkliche Mit-Teilung, bei der eine Wirklichkeit, nämlich meine Wirklichkeit, im Spiel ist, an der einem anderen Menschen Anteil gegeben wird, an der ein Leser, eine Leserin durch die Lektüre dieses Buches Anteil erhält an meiner Wirklichkeit, an meinen Sichtweisen – und dazu wünsche ich allen im besten Sinne des Wortes viel Vergnügen!

An einem gewöhnlichen Montag im Jahre 2020: Wie so oft eilt mir die Zeit davon. Eingebunden in das alltägliche Vielerlei, bedrängt von Sorgen und dem Grau des Novembers, versuche ich, mit meiner bewährten Überlebensstrategie meine Tage zu meistern. Ich suche und greife pragmatisch nach dem, was sich Tag für Tag als Lösung anbietet, ich wurschtle mich durch. Ein paar Rituale helfen mir, den Tag – meine Zeit! – sinnvoll zu bestehen.

Die beherrschenden Meldungen des Tages: Erleichterung und Euphorie in Amerika und weltweit über den Wahlsieg von Biden und zugleich Entsetzen über die Reaktion von Trump. Der Wahlkampf war heftig, das Land ist gespalten. Wird es wieder zur inneren Einheit finden? War es überhaupt je innerlich geeint? Und wird Trump das Faktische anerkennen? «Alternative Fakten», ein sehr merkwürdiger Begriff, den man in der Rück-Sicht auf die Ära Trump als ein Merkmal seiner Amtszeit festhalten wird.

Auch in Europa, auch in Deutschland wirken die Fliehkräfte, treibt es uns gesellschaftlich auseinander. Fritz Riemann beschäftigt sich in seinem Buch: «Grundformen der Angst» mit solchen Phänomenen wie der Fliehkraft. Sie, das Zentrifugale, ist die Kraft, die der Mitte flieht, also nach außen strebt – nach «rechts-außen» oder nach «links-außen». Wie viel Extremismus erträgt eine demokratische und offene Gesellschaft? Die erste deutsche Demokratie ist daran zerbrochen!

Und dann seit Monaten routinemäßig das aktuelle Pandemiegeschehen. Ja, und mittendrin auch jene, die ihre eigenen Realitäten, ihre eigenen Fakten haben, die in ihren eigenen Welten leben und das mit dem Begriff «Querdenken» legitimieren. An-Sichten prallen unversöhnlich aufeinander. In Leipzig eskaliert der «Protest» auf der Straße, genauso wie in Berlin, in New York, in Minsk, in Hongkong oder anderswo – leider ist Leipzig überall, auch eine Art von Globalisierung. Indes ist mir dieses völlig klar: Jede Straße hat ihre eigene Geschichte, ihre eigene Logik, ihre eigene Problematik, ihr eigenes Recht, ihre eigene Legitimität.

Es ist schwer oder fast unmöglich geworden, sich zu streiten. Argumente werden durch Emotionen ersetzt. Echokammer heißt das Stichwort: Viele halten sich nur noch dort auf, wo die eigene Meinung, die eigene Ansicht (er)zählt oder bestätigt wird. Die Bereitschaft oder mehr noch die Fähigkeit anzuerkennen, dass es auch andere An-Sichten gibt und dass auch sie ihr Recht haben, nimmt bedrohlich ab. Und auch hier sind «alternative Fakten» ein großes Problem. Über einen Fakt kann und muss man streiten dürfen und sollte das auch tun. Kontroversen gehören zu einem fruchtbaren Dialog. Und in der Tat können und müssen konkrete Fakten unterschiedlich betrachtet und beurteilt werden. Wenn aber eine Seite den Fakt als solchen gar nicht anerkennt, kann man sich eben auch nicht drüber streiten.

Meiner Ansicht nach hängt die komplizierte Gesprächskultur auch damit zusammen, dass noch vor einer Generation die öffentliche Debatte ausschließlich von Eliten geführt wurde. Ihnen standen alle Medien zur Verfügung, während gleichzeitig die sogenannten kleinen Leute abseits und unter sich am Stammtisch diskutierten. Erst mit und in den «sozialen Medien» können sich diese beiden Sprach-, Denk- und Gefühlswelten direkt begegnen und gleichberechtigt einbringen und darstellen. Es ist anstrengend, aufeinander zu hören, den jeweils anderen zu respektieren und gelegentlich zu unterstellen, dass auch seine Wahrheit Substanz hat: Es ist anstrengend, darauf verzichten zu wollen, zu müssen, eine «brennende Meldung» jeweils einseitig zu interpretieren, aber diese Anstrengung lohnt sich. Öffentliche und allen zugängliche Medien haben geltend gemacht: Es gibt kein Monopol auf Deutungshoheit.

Aber vielleicht sind diese «brennenden» Meldungen von heute bald wieder vergessen. Wirklich ruhige Zeiten gab es ja nie! Schon morgen oder übermorgen wird uns Neues und Aufregendes in Beschlag nehmen und die Schlagzeilen bestimmen.

Sind die vielen Ereignisse, ist vielleicht meine «zeitliche» Biographie mit all dem Vielerlei nur ein lichter Augenblick zwischen Noch-nicht-Sein und Wieder-zu nichts-Werden; ein Produkt des Zufalls, das vergeht, ähnlich einer Eintagsfliege, von deren Werden und Vergehen kein Aufhebens zu machen ist? Sind Geschick und Geschichte verloren oder belanglos? Auch das ist wohl Ansichts-Sache.

Meiner Ansicht nach ist es gut und wichtig, nach der Rück-Sicht, nach der Vor-Sicht, nach den Ein-Sichten und nach der Aus-Sicht zu fragen. Mit dieser An-Sicht stehe ich hoffentlich nicht allein da. Es ist ja die Sehnsucht so vieler, für die der mühselige Alltag mehr ist als ein bloßes Funktionieren-Müssen. Es ist das Verlangen derer, die noch fragen können, noch suchen wollen, für die es alle Tage mehr gibt als einen gewöhnlichen Montag im November.

Dieser Montag ist nicht gewöhnlich, es ist der 9. November, ein wahrhaft geschichtsträchtiges Datum, und wir haben Grund und Anlass, uns dieser Geschichte zu erinnern, zu stellen. Ich bin kein Historiker, ich bin allenfalls ein Geist unserer Zeit und jemand, der nur zu gut weiß: Wo Licht ist, sind auch

Schatten. Aber wir haben nicht das Recht, uns nur sonnen zu dürfen. Wir meiden allzu oft die Schatten der Geschichte, auch der eigenen Lebensgeschichte, und tun so, als gäbe es sie nicht – zu viel Schuld, zu viel Verantwortung, zu viele Wunden, zu viel Dunkel, zu viel Kälte und zu wenig Licht und Wärme. Da steigt uns gelegentlich die Schamröte immer wieder ins Gesicht oder anders gesagt, meldet sich immer wieder unser Gewissen.

«Mal muss damit Schluss sein» – diesen Zwischenruf hören wir manchmal, nein, zu oft. Vielleicht denken wir ihn heimlich auch. Dieser Zwischenruf hat zuweilen politische Konjunktur, «es war doch nur ein Vogelschiss in der Geschichte unseres Volkes». Eine Erinnerungskultur, auch an den 9. November, ist ja nicht nur gut für die Geschichtsbücher, sondern auch für die Seelenhygiene eines Volkes, jeder einzelnen Seele. Sie sensibilisiert jede Generation aufs Neue.

«Es lebe die deutsche Republik!» Mit diesen Worten rief der Sozialdemokrat Philipp Scheidemann vom Balkon des Reichstages am 9. November 1918 die erste deutsche Republik aus. Er gehörte zu den profiliertesten Protagonisten und Repräsentanten seiner Zeit, der Weimarer Republik. Aber sie schwankte, diese erste deutsche Demokratie. In weiten Kreisen des Bürgertums, aber eben auch in der Arbeiterschaft. Der Verlust der Monarchie und der verlorene Erste Weltkrieg mit seinen Folgen für Deutschland waren noch nicht verdaut. Mit der Demokratie fremdelte man. Arbeitslosigkeit, Inflation und der «schwarze Freitag» gaben ihr eine ökonomische Labilität, die politischen Ränder links und rechts wurden gestärkt, so sehr, dass die Nationalsozialisten unter der Führung von General

Erich Ludendorff und dem Weltkriegsgefreiten Adolf Hitler am 9. November 1923 einen Putsch in München wagten. Er scheiterte jedoch kläglich. Der Marsch zur Feldherrnhalle endete in der Festung Landsberg, jedenfalls für Hitler, der zu mehrjähriger Haft verurteilt wurde, aber wegen «guter Führung» davon nur neun Monate absaß. Neun Monate sind die Dauer einer Schwangerschaft. Der «Führer» ging schwanger mit einer menschenverachtenden Ideologie, gebar diese «Weltanschauung» in seinem Buch «Mein Kampf» und bereitete propagandistisch den 9. November 1938, die Reichspogromnacht, vor. Unvorstellbare brutale Gewalt gegen die jüdische Bevölkerung. Brennende Synagogen und Zerstörung der jüdischen Geschäfte in aller Öffentlichkeit. «Ein Land ist nicht nur, was es tut – es ist auch das, was es duldet», formulierte Kurt Tucholsky nach dem 9. November 1938 und schrieb uns mit diesem zeitlosen Wort etwas ins Stammbuch, das an Aktualität nicht mangelt. Das «Dutzendjährige Reich» war eben kein Vogelschiss in der Geschichte! Der 9. November 1923 und 1938 legt sich wie ein langer Schatten, der bis in unsere Gegenwart reicht, über unsere Geschichte, über unser Land, über unsere Familien.

Aber nun darf auch das gesagt werden: Ab und zu heben sich die langen Schatten der Geschichte. Als einen Lichtstrahl habe ich den 9. November 1989 erleben dürfen, leibhaftig und irgendwie auch traumhaft, unwirklich, also surreal.

Es war an einem Donnerstagabend in Rostock. «Wende-Zeit». Es schien, als habe sich an diesem Abend des 9. November das Blatt der Geschichte wieder einmal gewendet. Ergebnis und Folge der Naziherrschaft war ja auch die Teilung unseres Vaterlandes in zwei deutsche Staaten – sichtbar durch die am 13. August 1961 erbaute Mauer, Synonym der in Beton gegossenen Trennung. Die Hauptargumente und Reaktionen der Machthaber in Ostberlin waren Stacheldraht und Schießbefehl, war ein autoritäres Regime, Gleichschaltung und flächendeckende Bespitzelung der eigenen Bevölkerung. Zynischer kann sich ein Staat, der sich Arbeiter- und Bauernstaat nannte, wohl nicht entpuppen.

Von 1987 bis 1992 war ich als evangelischer Diakon in der Kirchengemeinde St. Marien in Rostock tätig, also unmittelbar vor, während und nach der politischen Wende in der damaligen DDR. Mit Anfang dreißig zu erleben, dass eine Diktatur fast wie ein Kartenhaus zusammenfällt, und rückblickend bescheiden und auch etwas stolz sagen zu dürfen: «Du warst aktiv mit daran beteiligt», ist schon sehr bewegend. In der St.-Marien-Kirche war die Gebetsandacht zu Ende gegangen. Pastor Joachim Gauck, einer der geistigen und geistlichen Führer in der Wende in Rostock, hatte in der Andacht eindringlich davon gesprochen, dass man Recht Recht und Unrecht Unrecht nennen und der Angst den Abschied geben und den aufrechten Gang üben müsse. Für die anschließende Demonstration gab es dann Anweisungen, die wichtigste: Keine Gewalt! Mit einer Kerze in der Hand verließen etwa 15 000 Menschen die fünf Hauptkirchen in Rostock. Vor den Kirchen schlossen sich noch weitere Gruppen an. Das war im November noch hoch gefährlich und riskant, denn bewaffnete «Organe» der sogenannten Bereitschaftspolizei und der Stasi lauerten in den Nebenstraßen, um eventuell loszuschlagen – wie es ja in Dresden, Leipzig oder Berlin geschah. In einem Sternmarsch bewegte sich der Demonstrationszug aus allen Richtungen auf den Schröderplatz zu und setzte von dort die Demonstration durch die August-Bebel-Straße fort, am Stasihauptgebäude vorbei bis zum Rathaus auf dem Neuen Markt, also entlang an den Machtzentren des Staates. Hier wurde die Nacht besonders dunkel und die Kerzen besonders hell. Vor der Stasi- und SED-Zentrale oder vor dem Rathaus, also vor den Machtzentralen des Regimes, entlud sich der Volkszorn. Das war besonders gefährlich, weil durch gezielte Provokationen die Situation jederzeit hätte völlig außer Kontrolle geraten und eskalieren können. Vorweg ging jemand mit einem Schmetterling, er war das Symbol der friedlichen Revolution in Rostock. Und während dieser Demonstration am 9. November 1989 verbreitete sich die unglaubliche Kunde: «Die Mauer ist gefallen!»

Bis zur ersten freien Volkskammerwahl im März 1990 wurden die Andachten und nächtlichen Demonstrationen fortgesetzt, aber am 9. November erreichten sie einen vorläufigen Höhepunkt. Dieses halbe Jahr – Oktober 1989 bis März 1990 – hat sich tief in mein Gedächtnis eingegraben. Es war eine spannende, fordernde und auch eine humorvolle Zeit. Die Rufe der Demonstranten oder die Plakate legten Zeugnis davon ab, dass trotz großer Unsicherheit der Bann gebrochen war. Mit ungeahnter Kreativität und einem speziellen Humor (da war wohl auch Galgenhumor mit dabei!) verschafften wir uns Luft zum Atmen. Mitten im Herbst und Winter wurde es Frühling, ein Frühling der Freiheit. Vor allem war das eine Revolution der Nacht. Im Schutz der Dunkelheit stellten wir unsere Kerzen an markanten Orten ab, dort leuchteten sie besonders hoffnungsvoll und hell. Am nächsten Morgen waren die Spuren der Nacht beseitigt. Ich war immer wieder überrascht, dass tagsüber das öffentliche Leben funktionierte, teilweise so, als wäre nichts geschehen. Gerade in jenen Monaten bekamen die Fragen «Wer bin ich?» und «Wozu bin ich?» eine Relevanz und verlangten eine persönliche Positionierung. Ich stand politisch der Bewegung «Neues Forum» nahe und engagierte mich neben dem Dienst als Diakon in St. Marien so kraftvoll wie möglich, entschied mich aber bald, im kirchlichen Kontext tätig zu bleiben. Im Grunde hatte ich das Glück oder einfach nur die Aufgabe, die «Wendejugendlichen» zu begleiten, zu stärken, zu stützen, mit ihnen den Weg in bewegenden Zeiten zu gehen.

Und schließlich reflektiere ich diesen heutigen Montag, den 9. November 2020. Das Telefon klingelt, Susanne Frank, Lektorin im Rowohlt Verlag, bespricht mit mir das Buchprojekt und vereinbart zur weiteren Planung mit mir einen Termin. Für mich datiere ich nun den 9. November 2020 als den Start dieses Projektes und komme nicht umhin zu erwähnen, dass am 9. November 1945 dieser renommierte Verlag durch eine Lizenz der amerikanischen Besatzungsbehörde nach dem Krieg wieder an den Start gehen konnte, nach der Bücherverbrennung der Nationalsozialisten, von der viele Autoren, die für den Verlag geschrieben hatten, existenziell betroffen waren. Für eine große Autorenschaft, für eine ebenso große Leserschaft und nicht zuletzt auch für die engagierte Belegschaft des Verlages war das ein großer Tag.

Zu den Lesern gehöre auch ich seit vielen Jahren. Zwei Bücher spielten in meiner Biographie eine große Rolle: Lutz Schwäbisch und Martin Siems, «Anleitung zum sozialen Lernen, Kommunikations- und Verhaltenstraining» erschienen 1974. Ob ganz privat oder in meiner beruflichen Laufbahn: Die Lektüre dieses Buches half mir sehr, Kommunikation zu verstehen und zu gestalten, Konflikte zu erkennen und zu bewältigen. Ich verdanke Hartmut Lippold, dem damaligen Ausbildungsleiter der Diakonenausbildung in Züssow bei Greifswald, dass dieses Buch für mich geradezu wegweisend werden konnte, und würde es zur Pflichtlektüre für alle machen, die einen sozialen Beruf ergreifen. Das zweite Buch las ich 1980 mit viel Begeisterung und Empathie: Wolfgang Borchert, «Draußen vor der Tür und ausgewählte Erzählungen mit einem Nachwort von Heinrich Böll», erschienen 1962. Dieses Buch vermittelte mir ein Gespür für Sprache und ebenso ein Gefühl für die Kriegs- und Nachkriegsgeneration.

Und nun noch eine letzte Anmerkung zum Ort, an dem Rowohlt viele Jahre ansässig war: Aus Reinbek kam meine erste große Liebe. Birgit hieß die Süße. Es war eine tiefe und gleichzeitig tragische Beziehung, denn zwischen uns zog sich die innerdeutsche Todesgrenze. Wir konnten uns nur treffen, weil Bundeskanzler Willy Brandt die Entspannungspolitik durchsetzte und der sogenannte kleine Grenzverkehr möglich war. Ab und zu kam sie aus Reinbek in ihrem orangen VW-Polo in Rostock auf dem Alten Markt um die Ecke, wir hatten ein paar sehr intensive Stunden, einen schmerzvollen Abschied und wenig Perspektiven. Das bekam auch das neugierige Auge der Stasi mit. Erst nach der Wende erfuhr ich durch Akteneinsicht, dass der Stasi-Apparat unsere Korrespondenz, also unsere Liebesbriefe, abfing und somit auch unsere Flammen füreinander erstickte. Später habe ich als Jugenddiakon viele junge Menschen begleitet. Liebeskummer stand da oft auf der Tagesordnung. Nie bin ich lächelnd drüber hinweggegangen. Aus eigener Erfahrung wusste ich, dass das eine tiefe und wichtige Seelenerfahrung ist – eine Erfahrung, die nicht ignoriert werden darf, weil der Mensch, der sich Leiden und Trauer, Trennungsschmerz oder Verlustangst ersparen will, zwar vielleicht kurzfristig bequemer durch eine Krise kommt, aber längerfristig doch unfähig, geradezu steril wird für die höchsten Erhebungen und Erfahrungen der Seele.

Und während ich schreibe, zerrinnt die Zeit! Aber ich habe Feuer gefangen und schreibe weiter – ohne Rücksicht auf meine Uhr, aber natürlich mit Rücksicht auf mich und auf andere. Rücksicht in dem Sinne, dass nicht alles gesagt und geschrieben werden muss, was vielleicht sogar scheinbar naheläge. Ich schreibe keinen Bericht, sondern ich erzähle von meinen Ansichten und Einsichten, ich erzähle aus meinem Leben, und da spielen andere Menschen immer eine große Rolle. Rücksicht nehme ich, wenn ich es mit der Wahrheit genau nehme. Ein großes Wort: Wahrheit. Dietrich Bonhoeffer hat in seiner Ethik die Frage gestellt: «Wie wird mein Wort wahr? Indem ich erkenne, wer mich zum Sprechen veranlasst und was mich zum Sprechen berechtigt; indem ich den Ort erkenne, an dem ich stehe; indem ich den Gegenstand, über den ich etwas aussage, in diesen Zusammenhang stelle.»*

Ich nehme Rücksicht im Wissen: «Kein Mensch ist eine Insel, allein vollständig: jeder Mensch ist ein Stück des Festlands, ein Teil des Erdreichs; wenn eine Scholle fortgespült wird von der See, ist Europa darum kleiner, genauso, wenn es ein Vorgebirge wäre, genauso, wenn es ein Haus deiner Freunde oder

....

* Dietrich Bonhoeffer: Konspiration und Haft 1940–1945, DBW Band 16, Seite 627 f., Gütersloh 1996 dein eigenes wäre; jedes Menschen Tod verringert mich, weil ich einbezogen bin in die Menschheit, und darum schicke niemals aus, zu erfahren, wem die Stunde schlägt, sie schlägt dir.»*

Ich nehme Rücksicht im Wissen: Viele und vieles haben mich geprägt und geformt. Ohne die anderen wäre ich heute nicht der, der ich bin. Meine Rücksicht ist gleichsam eine Hommage an sie alle. Und weil es um meine Beziehungen zu ihnen und um meine Vergangenheit geht, darum muss ersichtlich sein, worüber ich schreibe, sonst wären diese Zeilen hohl und ich ein beziehungsloser Schwätzer.

Mit Rücksicht meine ich vornehmlich Rückblick und halte mich an Sören Kierkegaard: «Leben lässt sich nur rückwärts erkennen, muss aber vorwärts gelebt werden.» Wir müssen nur eine sehr einfache Tatsache unserer Erfahrung ins Gedächtnis rufen, über die vermutlich niemand einen Zweifel hegt: Ich meine die Erfahrung, dass alle Ereignisse unseres Lebens im Nachhinein ein anderes Bild zeigen als in dem Augenblick, wo sie bedrängend, beglückend oder bestürzend auf uns einstürmten. Die Rückschau lässt Zusammenhänge erkennen, die zunächst verborgen waren, und verändert viele Maßstäbe; scheinbares Glück kann seinen Glanz verlieren, und scheinbar tote Wegstrecken der Krankheit, der Ohnmacht, der erzwungenen Untätigkeit können sich vielleicht als besonders fruchtbare Zeiten erweisen. Ich meine das nicht zynisch, aber vielleicht erkennen wir nur rückwärts unser Leben, das heißt: Vielleicht werden wir später einmal ganz anders über diese Zeit der Pandemie, der erzwungenen Untätigkeit, der vielen Begeg-

---

* John Donne, Meditation XVII

nungen mit Abstand sprechen, und vielleicht klingen Worte wie Lockdown, Homeoffice, Kurzarbeit, Quarantäne dann etwas sinnvoller oder wenigstens etwas optimistischer als heute. Ich hoffe inständig nicht, dass wir nachhaltig verinnerlichen: Der andere Mensch wird mir zur Gefahr. Ich muss auf Distanz zu ihm gehen, Abstand halten, oder, noch beängstigender, ich muss auf meinen Nachbarn aufpassen und meine Beobachtung weitermelden. Ich möchte kein Öl ins Feuer gießen, aber dieses Phänomen wird aktuell in den sozialen Medien sehr munter diskutiert. Aber vielleicht bin ich mit meinen DDR-Erfahrungen da zu dünnhäutig. In meiner Rückschau spielen Begriffe wie Schicksal, Fügung, Begegnung, Entscheidung und schließlich Berufung eine größere Rolle als der Begriff «Glück» – obwohl ich in alledem viel davon gehabt habe.

Rückblickend wurde ich im Januar 1957 in der Großstadt Wittenburg in Westmecklenburg geboren – aus dem Blickwinkel eines Kindes war alles groß: die Häuser der Stadt, das Rathaus, erbaut 1852 von Adolf Demmler, die gotische Kirche, die in ihren ältesten Bauabschnitten noch spätromanischen Baustil aufweisen kann, die alte Stadtmauer und die Entfernung zwischen den Stadttoren, dem Steintor und dem Mühlentor, alles war groß und endlos. Die Parks waren wie Urwälder, der Schäferbruch, der Park zwischen den beiden Schulen oder der Südpol – alles groß und gewaltig. In Wirklichkeit aber gehört die Stadt Wittenburg zu den sechzig Land- und Kleinstädten in Mecklenburg. Alles ist dort sehr überschaubar. Aber sie ist meine Heimatstadt! Tief in meiner Seele lebt das von Generation zu Generation (immerhin seit 1276) bewahrte Empfinden für das eigene Geheimnis der Stadt, ich habe sie erfahren als bergenden Ort meiner Kindheit. Und in konzentrischen Kreisen habe ich die Stadt nach und nach erobert.

Vor dem Steintor 38 war bis 1976 unsere Wohnadresse. Mit noch sechs Geschwistern und den Eltern wuchs ich in einer Vierzimmerwohnung auf, mit Küche und Plumpsklo, kleinem dunklem Flur und Waschküche auf dem Hof. Drei meiner Geschwister waren älter, drei jünger als ich, drei Brüder und drei Schwestern. Ich war also die «Mitte» und konnte das spielerisch für mich nutzen. Mal gehörte ich zur älteren und mal zur jüngeren Geschwistergruppe, je nach Vorteil. Das Zusammenleben mit neun Personen auf relativ engem Raum war ein Training für mein späteres Leben. Immer in der Spannung zwischen Nähe und Distanz, zwischen Miteinanderteilen und der Sorge, zu kurz zu kommen, zwischen Rücksicht und Selbstbehauptung. Trotz mancher Entbehrung und Schlichtheit, trotz mancher Einschränkung und Zucht (Züchtigung müsste ich eigentlich sagen) schaue ich dankbar auf die Jahre meiner Kindheit zurück und noch dankbarer, dass unsere Familie bis heute zusammenhält, besonders in Krisenzeiten. Mit meinem jüngsten Bruder Konrad Wilhelm pflege ich eine intensive Verbundenheit. Er lebt und arbeitet als Bäcker in der Schweiz und läuft um sein Leben, fast hundert Marathonläufe hat er absolviert – Respekt! Und weil er zudem seit seiner Kindheit ein passionierter HSV-Fan ist, führt ihn sein Weg oft nach Hamburg und dann auch zu mir. Einmal sagte ein Freund zu mir: «Dein Bruder ist ein Phänomen. Er qualmt wie ein Schornstein, gestern hat er noch einen über den Durst getrunken, und heute lese ich in der Tageszeitung: wieder Bestzeit gelaufen.» Das habe ich auch stets bewundert, und es hat mich zugleich irritiert. Ein Highlight unserer Familie ist das zweijährliche

Cousins-und-Cousinen-Treffen irgendwo in Deutschland. Nach der Trauerfeier meiner Mutter im Jahre 2014 hat es Pastor Folker Hachtmann in einer kleinen Rede so formuliert: «Familie Schultz ist eine ganz besondere Familie.» Recht hatte er.

Das Prinzip der konzentrischen Kreise geht von einer Mitte aus, einem inneren Kreis, von dem aus sich weitere Kreise nach außen hin, eben aus dieser Mitte heraus, bilden. Meine Familie war der innere Kreis. Von dort aus bildeten sich weitere Kreise. Zunächst der örtliche Kindergarten ein weiterer Kreis, die Erinnerungen daran sind gering und verschwommen, nur Frau Tuttas, die Köchin, ist mir noch sehr präsent, und der vielleicht ein Kilometer lange Heimweg, der wohl eine Ewigkeit gedauert hat – immerhin bin ich täglich durch die Goethestraße geschlendert, wenn das mal kein Omen war.

Die Schulzeit steht da sehr viel klarer in meiner Erinnerung. Kinderreiche Familien galten in Wittenburg als asozial. Das habe ich im Sozialraum Schule oft erfahren müssen. Aber wahrscheinlich ist diese Erfahrung zeit- und ortlos und bis in unsere Gegenwart für viele bittere Wirklichkeit – ein trauriger Befund unserer Gesellschaft.

Mit der Schule verbinde ich meinen ersten selbstständigen Weg. Ich ging ihn morgens im Schlepptau meiner Geschwister und immer mit der Zeit im Nacken. Ich wusste nicht, wie ich das machen sollte: mich beeilen. Ich ging in der Mittagsstunde alleine zurück – wie sehr hatte der Weg sich seit dem Morgen verändert, und wie anders fühlte er sich an, wenn ich ihn heimwärts ging. Da konnte ich da und dort verweilen. Manchmal waren Versuchungen am Wege, stehen zu bleiben vor einem Schaufenster, Umwege zu machen, oder es gab angsteinflößende Strecken, auf denen ich die Straßenseite vorsichtshalber wechselte, wegen eines Hundes oder eines frechen Mitschülers. Das Vertraute und das Unheimliche wie das Verlockende waren mit mir unterwegs. Im Schlendern vergaß ich oft mich, die Zeit und das Ziel. Ich ging und träumte vor mich hin, aber dieses Träumen war kein In-mich-hinein-Schauen, sondern eben nur ein selbstvergessenes Schlendern, ein gedankenloses Gehen. Gelegentlich, so erinnere ich mich, wagte ich im Vorgehen einen flüchtigen Blick und betrachtete mich in der Spiegelung einer Schaufensterscheibe: Der also bin ich. Manchmal stolz, wenn die Klamotten es hergaben (das war eher selten) oder wenn ich einen guten Auftritt in der Schule hatte, manchmal peinlich berührt oder traurig oder gekränkt. Allenfalls wurden diese Blicke und diese Tagträume von aktuellen Emotionen begleitet, aber es waren doch in dem Sinne keine Reflexionen – die kamen später.

1965 war ein besonderes Schuljahr für mich. Der Unterricht wurde erst und nur für unsere Klasse nachmittags erteilt. Ich hatte den ganzen Vormittag für mich. Aufstehen ohne Stress. Vater und Geschwister waren bereits außer Haus. Nur meine beiden jüngeren Geschwister waren mit mir und unserer Mutter allein.

In dieser Erinnerung wird mir klar, wie sehr unsere Mutter Ingeborg der Strenge unseres Vaters Hans-Kurt etwas entgegenzusetzen vermochte, nämlich im besten Sinne des Wortes ihre Mütterlichkeit. Was wären wir denn ohne unsere Mütter? Vielleicht nur ein Gedanke. Vielleicht nur eine Idee? Vielleicht nur ein Wunsch? Der Leib unserer Mütter war neun Monate unsere erste Wohnung, unsere erste Beziehung, unsere erste Liebe, sie haben uns geboren, und deshalb schmerzt es so sehr, wenn sie von uns gehen.

In diesem Jahr 1965 bekam ich viel Aufmerksamkeit und Zuwendung von meiner Mutter, und ich hörte ganz für mich allein den Schulfunk im NDR mit der Erkennungsmelodie aus Mozarts Zauberflöte: der Vogelfänger-Arie. Das Radiogerät konnte ich einschalten, der Sender war eingestellt. Bei uns hörte man nur Deutschlandfunk oder NDR, Ost-Radio war tabu. Im Gegensatz dazu war das Hören genau dieser West-Sender vom Vater Staat strengstens untersagt, vergleichbar mit dem «Rundfunkverbrechen» im Dritten Reich. Das war für mich eine spezielle Herausforderung: Man durfte sich in der Schule nicht verplappern! Man musste ohnehin immer sehr aufpassen, was man sagte, weil zu Hause anders gedacht und gesprochen wurde als im öffentlichen Raum.

Meine Lieblingssendung war «Neues aus Waldhagen» mit Bauer Piepenbrink. Wie ein Ritual gestaltete und genoss ich diese Zeit für mich und empfand diesen Schulfunk als eine sehr willkommene Abwechslung und Ergänzung zu dem, was mir sonst an Bildung zugänglich war. Mit dem sonstigen Schwachsinn, den ich im sozialistischen Schulalltag erlebte, verschone ich die geneigte Leserschaft und sehe das auch als eine Art Rücksichtnahme.

Nur dieses muss noch erwähnt werden: Ich nahm eine Außenseiterrolle im Schulalltag auch deshalb ein, weil ich weder Pionier oder später FDJler war noch die «Jugendweihe» erhielt. Von 32 Schülerinnen und Schülern waren wir nur zwei in der Klasse, ein Katholik und ich, die sich diesen «sozialistischen Zugriffen» entzogen. Allerdings verdanke ich letztendlich diese Entscheidung der Autorität meines Vaters, obwohl mir schon bewusst war, dass ein atheistisches Bekenntnis bei der Jugendweihe und ein christliches bei der Konfirmation innerhalb eines halben Jahres nicht ohne Widerspruch gesprochen werden kann, jedenfalls wenn man diese Dinge halbwegs ernst meint. Insofern war es auch eine selbstbestimmte Entscheidung, oder mit einem Zitat von André Brie gesagt: «Man muss sich nicht jede Jacke anziehen, die in den Wind gehängt wurde.» Zur Außenseiterrolle nur dieses: Vor der versammelten Schulklasse zeigte einmal eine Lehrerin auf den katholischen Mitschüler und sagte voller Spott: «Der glaubt an Jesus Christus.» Die Klasse votierte diese «Bloßstellung» mit einem Gelächter. Als dieses leiser wurde, sagte der Schüler: «Ja und? Sie glauben an den Massenmörder Stalin.» Daraufhin verstummte die Klasse gänzlich, und ein mutloser, leiser Beifall war zu hören – von mir. Nach dieser kleinen Episode, die viel über die Lehrerin und den Schüler aussagt, wurden wir gute Schulfreunde.

Als mittelmäßiger Schüler verließ ich 1972 die POS (Polytechnische Oberschule) mit einem Hauptschulabschluss und absolvierte eine Maurerlehre. Das war keine «Berufung», sondern eine notgedrungene Berufsausbildung, eine Verlegenheitslösung. Ich hatte weder Lust auf Baustelle noch einen Zugang zu meinen künftigen Kollegen und war physisch völlig überfordert. Klein war ich und schmächtig. Eine Schubkarre voller Kies oder Mörtel oder Steine über eine Bohle zu balancieren, war ein Ding der Unmöglichkeit, nach zwei Metern setzte ich die Ladung im wahrsten Sinne des Wortes in den Sand. Ich wurde Einkäufer vom Dienst: Flasche Hellbier 0,48 M, Deutsches Pilsner 0,61 M, Spezialbier 1,28 M, Flasche Milch 0,61 M, Brötchen 0,5 oder 0,7 M, eine Dose Schmalzfleisch 0,55 M und nicht zu vergessen eine Flasche Pfeffi 5,55 M. Rückblickend erschrecke ich über den doch sehr großzügigen Alkoholkonsum in meinen Lehrjahren und danach.

Ich lernte aber auch wesentliche Dinge: Noch heute kann ich in einem Mauerwerk einen Block- oder Kreuzverband identifizieren und präzise beschreiben: Läufer und Binder wechseln sich Schicht für Schicht ab, so entstehen Kreuze, die im Blockverband untereinander und im Kreuzverband jeweils versetzt sichtbar werden. Das Kreuz als Zeichen im Mauerwerk wurde später ein Zeichen meines Lebens. Steine nur für sich sind belanglos, sie müssen gut eingebunden sein, damit das Ganze stabil wird, damit daraus ein Haus wächst. Als lebendige Steine eingebunden sein im Gefüge des Miteinanders, das ist ein Bild für unser Lebenshaus, das nicht auf Sand gebaut werden darf; es bedarf eines soliden Fundamentes.

Als Heranwachsender habe ich das Haus immer auch als Refugium gesehen, als Ort der äußeren und inneren Sicherheit, der Geborgenheit oder jedenfalls eine Sehnsucht danach verspürt.

Die Schwelle zum Erwachsenwerden überschritt ich auch mit fehlendem Behütetsein. Zwischen draußen und drinnen waren dicke Wände, sodass diese beiden Welten mitunter nichts miteinander zu tun hatten. Draußen Anpassung und irgendwie durchkommen, Alltag und Routine. Drinnen eine Sehnsucht nach mehr, nach dem ganz anderen Leben, nach einer echten Alternative. Von dieser Sehnsucht will ich erzählen. Sie begann mit einer Begegnung.

Samstagnachmittag gingen meine Schwester Christel und ich auf den Friedhof, um das Grab unserer Schwester Brigitte zu pflegen. Die «Sprache» des Friedhofs erfassten wir nicht wirklich, nahmen aber die Atmosphäre schon instinktiv auf. Das Sterben, das Totsein und der Tod spielten noch keine Rolle – wir pflegten lediglich das Grab und bejahten ansonsten das Leben, wie es Kinder eben tun. Dazu gehörte auch, dass wir den Ort als Hof des Friedens vergaßen, wir tobten und spielten, und dabei kippte ich ein Grabkreuz aus Marmorstein um und zertrümmerte es, sicherlich nicht mit Absicht, es passierte einfach. Und weil es sich um einen evangelischen Friedhof handelte, lag ein Hausbesuch des Ortspastors an, denn meine Eltern mussten den Schaden begleichen.

Bei ebendiesem Hausbesuch 1967 wollte der Pastor nicht nur mit meinen Eltern sprechen, sondern auch mit mir. Das war ein guter Augenblick. Die Augen des Pastors fixierten mich. Die Begegnung mit Folker Hachtmann – sein Name hat in unserer Familie und in der Wittenburger Gemeinde einen guten Klang – wurde mir gewissermaßen zum Schicksal. Er lud mich ein, wöchentlich zur Jungschar zu kommen, einer Kinderstunde, in diesem Fall einer Stunde nur für Jungen, die mit Spiel, Geschichten hören und Singen gestaltet wurde. Neben dem Schulalltag und den üblichen Abläufen zu Hause bekam ich hier eine bislang ungekannte Aufmerksamkeit. Er förderte und forderte mich. Privat erhielt ich bei ihm Trompetenunterricht und so manche nützlichen Impulse fürs Leben. Später begleitete er meine Entwicklung durch Konfirmandenunterricht, Konfirmation, Junge Gemeinde (darunter darf man einen offenen christlichen Jugendkreis verstehen) und viele Freizeiten. In diesen Jahren hat mir Folker Hachtmann Türen geöffnet – Türen zum Leben, Türen zum Glauben, Türen nach innen und außen.

Hilde Domin hat in einem Gedicht so wunderbar beschrieben, was es heißt, wenn fremde Augen mich ansehen, in den Blick nehmen und sagen: Es gibt dich.

Dein Ort ist,
wo Augen dich ansehen,
wo sich Augen treffen,
entstehst du.

Von einem Ruf gehalten,
immer die gleiche Stimme.
Es scheint nur eine zu geben
mit der alle rufen.

Du fielest,
aber du fällst nicht,
Augen fangen dich auf.

Es gibt dich,
weil Augen dich wollen,
dich ansehen und sagen,
daß es dich gibt.

Mihi quaestio factus sum – ich bin mir zur Frage geworden (Augustinus). In den Jahren meiner Pubertät bewegte mich die Frage: «Wer bin ich?» Wahrscheinlich erwachte damals tatsächlich meine Identität. Ich legte meine erste Naivität ab, das war schmerzhaft, wie ich heute in der Rückschau erinnere. Diese Selbstzweifel gingen zuweilen so weit, dass ich meine Existenz in Frage stellte. Diese Unsicherheit war wohl hauptsächlich darin begründet, dass meine körperliche Reife auf sich warten ließ, während meine seelisch-charakterliche Reife voranschritt. Meine soziale Unselbstständigkeit oder besser Abhängigkeit konkurrierte mit meiner Sehnsucht nach Freiheit. Genau diese ungleiche Entwicklung verursachte eine erhebliche Spannung. Ich empfand mich als klein, schmächtig, unattraktiv und fühlte mich nicht wohl in meiner Haut, ich war ein sogenannter Spätentwickler, und andererseits interessierten mich schon früh die tieferen Fragen des Lebens.

Wegen seines Widerstandes im Dritten Reich wurde der evangelische Theologe Dietrich Bonhoeffer verhaftet und am 9. April 1945 im KZ Flossenbürg ermordet. «Wer bin ich? Der oder jener? Bin ich denn heute dieser und morgen ein anderer? Vor Menschen ein Heuchler und vor mir selbst ein verächtlich wehleidiger Schwächling? Wer bin ich? Einsames Fragen treibt mit mir Spott. Wer ich auch bin, Du kennst mich, Dein bin ich, o Gott!» Dieser Vers aus seinem Gedicht: «Wer bin ich», das er wie viele andere Gedichte im Gefängnis in Tegel schrieb, gibt sehr gut meine damalige, durchaus widersprüchliche Gefühlslage wider. Sie war schwankend – himmelhochjauchzend und zu Tode betrübt. Die Frage «Wer bin ich?» hat sich für mich indes nie erledigt, sie arbeitet an und in uns, solange wir leben.

In seinem Buch «Das Ich als Meister der Seele» beschreibt Günter Kollert diese Frage so: Wer bin ich? Drei Wörter, eine Frage. So scheint es. In Wirklichkeit ist mit diesem Satz eine Schar von Fragen ausgesprochen, die sich mittels der in der gesprochenen Rede möglichen Betonungen unterscheiden lassen. Wer bin ich? Was bin ich nicht? Was ist das, was nicht ich bin? Was bin ich noch nicht? Ich beschränke mich auf die Frage, die mich in meiner Pubertät und später immer wieder beschäftigt hat. Sie hat wie jede Frage ihre besonderen, unausgesprochenen Voraussetzungen und ihr jeweils eigenes Ziel.

Wer bin ich? Hier wird das «Ich» und das «bin» vorausgesetzt und nach dem Bild, nach den Eigenschaften gefragt, die zu mir gehören. Es ist die Frage nach meiner Identität.

Wer **bin** ich? Genau gesehen gibt diese Betonung zwei Fragen: Einmal steht das «Ich bin» im Gegensatz zu «Ich war» oder «Ich werde sein»; so verstanden fragt es nach dem, was ich gegenwärtig bin, im Unterschied zu meiner Vergangenheit und Zukunft. Vor allem aber deutet das «bin» auf die allgemeinen Bestimmungen des Wesens, welches durch die vorübergehenden Zustände hindurchgeht.

Wer bin **ich**? Diese Betonung fragt nach dem, wodurch ich nichts bin als – ich selbst und wodurch ich mich von allen anderen «Ichen» unterscheide.

Ich füge der Frage «Wer bin ich?» eine weitere hinzu: «Wozu bin ich?» Diese Frage berührt die Sinnfrage. Sie fragt nicht nach der Ursache, um Vergangenheit zu bewältigen, sondern nach der Zukunft, eben nach dem Sinn.

Der Beginn des Johannesevangeliums «Im Anfang war das Wort» kann man ja auch so übersetzen: «Im Anfang war der Sinn!» Für mich persönlich ist dies auch immer etwas ungeheuer Tragendes, zu wissen, dass vorausgehend immer ein Wille da ist, der mich gedacht hat, ehe ich mich selber dachte und kannte, eine Liebe, die mich will und die mich auch noch trägt, wenn ich selber keinen Sinn mehr zu schaffen und zu leisten vermag. Dieses Stehen in einem Willen, dessen ich ganz sicher bin und von dem ich weiß, dass er Sinn und Liebe ist und mir einen Sinn zugedacht hat, ist das, was auch über Sinnbrüche im eigenen Leben hinwegträgt – auch das habe ich erleben dürfen. Es gehört ja zum Lebensgefühl des Menschen von heute, dass er sein Leben selbst machen und nicht auf etwas warten will, das vielleicht ausbleibt. Dieses Gefühl, ich könnte etwas verpassen, mir könnte etwas Wichtiges entgehen, war und ist mir nicht ganz fremd. Das Wort «Selbstverwirklichung» bekommt in diesem Zusammenhang einen zwielichtigen Klang. Der moderne Mensch setzt auf das, was er selbst tun und erwirken kann, und deswegen wird ihm ein Glaube schwer, der ihm sagt, das Entscheidende kannst du nicht machen, das muss dir vorgegeben sein. Insofern ist sicher gerade diese Vorgabe von Sinn, die das Tragende ist, was den Glauben eben groß macht, auch das, was ihn schwer macht für den Menschen von heute, weil der Mensch sich da an etwas anvertrauen muss, das ihm vorausgeht.

Sinn muss stärker sein als das, was wir hervorbringen können, er muss etwas sein, was mich schon erwartet. Das Bild, das vor mir steht, ist kein Selbstporträt, sondern Gottes Entwurf von mir. Und es ist ein Glück, diesen Entwurf zu entdecken und gleichsam eine Aufgabe, ihm Stück für Stück zu entsprechen. Insofern ist der christliche Glaube nicht etwas Passives, er sagt nicht einfach: «Alles ist schon da, alles ist schon fertig, alles ist schon vollendet» – es geht darin vielmehr um etwas, das mir vorangeht, das ich nicht selber machen kann, das aber gerade mich selber will und mich als einen Aktiven, als einen Tätigen will, das meinem Tun Ziele setzt.

Eine kuriose Schlüsselszene stand am Anfang eines neuen Lebensabschnittes. Sie ereignete sich am 30. April 1976, Freitagmittag auf der Baustelle. Mit einem Saufgelage bereiteten wir uns auf das Wochenende vor. Mich packte der Übermut. Ein Kollege und ich fuhren zur Ranch meines Vaters, ich stahl ein Huhn, wir fuhren zurück, rupften es und hielten das rohe Fleisch ins offene Feuer, um es uns weiterhin gut gehen zu lassen. Dieser Vorfall blieb nicht unbeobachtet. Ein Gartennachbar berichtete ihn pflichtgemäß meinem Vater, und das berühmte Fass lief über. Zwischen meinen Vater und mir lief es schon lange nicht mehr gut. Wir schliefen Wand an Wand, und während er morgens um 3 Uhr aufstand und zur Arbeit in den Wald fuhr, kam ich besoffen nach 22 Uhr nach Hause und legte erst einmal eine Schallplatte mit sehr schöner Trompetenmusik auf. Unsere Auffassungen von Nachtruhe waren eben sehr verschieden. Nun, am Abend des 30. April schmiss er mich hochkantig raus, endgültig, zu Recht. Ich meldete mich als «Obdachloser» bei meinem Jugenddiakon Manfred Schmidt in Schwerin. Er forderte mich just auf, nun auch zu kündigen, damit ich, obdachlos und arbeitslos, gänzlich ungebunden und frei sei für Neues. Am 18. Mai 1976 unterschrieb ich meinen ersten kirchlichen Arbeitsvertrag mit dem Augustenstift in Schwerin: Hilfspfleger im Alters- und Pflegeheim bis auf Weiteres.

Das Auseinanderleben mit meinem Vater lag in der Natur der Sache. Eltern und Kinder gehen irgendwann verschiedene Wege. Eine tatsächliche Auseinandersetzung im Sinne von Gesprächen hat es nie gegeben, jedenfalls damals nicht. Die kamen sehr viel später. Irgendwann schenkte ich meinem Vater zum Geburtstag keine Kinkerlitzchen mehr, sondern einen gemeinsamen Tag, eine Ausfahrt. Meistens fahren wir gen Osten in seine angestammte pommersche Heimat. Dann sind wir mehr als zehn Stunden zu zweit und können reden und einander zuhören. Auf diesen Fahrten habe ich viel gelernt und verstanden. Inzwischen sind wir längst versöhnt, trotz verschiedener Meinungen zu vielen Dingen. Er verkehrt eher in rechtskonservativen Kreisen und verbindet damit Heimat und

Kameradschaft. Anders gesehen: Er lebt gedanklich und emotional in der Zeit seiner Jugend, die jener Generation buchstäblich gestohlen wurde – mein Vater ist Jahrgang 1931. Darüber reden wir ansatzweise und setzen uns auch mit Geschichte, mit Wirkung und Ursache auseinander. Nach der Auseinandersetzung folgt die Ineinandersetzung, ein Verstehen, eine Akzeptanz der anderen Meinung, eine versöhnte Vielfalt.

Aber zurück zum Jahr 1976. Solche Episoden leiten oft eine neue Lebensphase ein. Ich glaube, dass sich unter der Oberfläche leise und unauffällig, manchmal über längere Zeiträume, etwas entwickelt und vorbereitet, das durch einen Impuls von außen quasi zum Durchbruch kommt, aus dem Dunkel ans Licht, damit es bearbeitet und gestaltet werden kann. Der zertrümmerte Grabstein und das geklaute Huhn sind solche Episoden, in denen meine innere und äußere Entwicklung angestoßen und vorangetrieben wurden.

Mitte der Siebziger- bis Mitte der Achtzigerjahre begann für mich ein Jahrzehnt der Bildung. Mir war klar, dass ich viel auf- und nachzuholen hatte, und es wurde Zeit, meine Innenwelt mit meiner Außenwelt in Einklang zu bringen. Ich fing an, Bücher zu lesen. Bücherregale gehörten nicht zum Mobiliar in der Wohnung meiner Kindheit. Und ich holte Schulabschlüsse per Abendschule nach, absolvierte diverse Ausbildungen in Katechetik, Kranken- und Heilerziehungspflege sowie eine vierjährige Ausbildung zum Diakon, die mir vom sächsischen Kultusministerium nach 1990 als Fachhochschulabschluss in Religionspädagogik anerkannt wurde. Das alles war anspruchsvoll, sehr nervenaufreibend und anstrengend, zumal es oft auf Kosten schöner Freizeitbeschäftigungen wie Konzertbesuche oder Reisen ging, aber dieser Weg war alle Anstrengung wert.

Mittendrin wurde ich zum Kommiss eingezogen. In der damaligen DDR gab es zur allgemeinen Wehrpflicht eine Möglichkeit, zwar kaserniert und in Uniform, den «Dienst» an und mit der Waffe zu verweigern – «Bausoldaten» nannte man diese spezifische Gattung oder im Volk «Spatensoldaten», weil ein Spaten auf der Schulterklappe abgebildet wurde. Diese achtzehn Monate waren sehr speziell, weil ich selten zuvor die Gelegenheit hatte und reichlich nutzte, nach allen Regeln der Kunst zivilen Ungehorsam zu üben. Manche schlugen diese Zeit tot, ich nutzte sie sozusagen als Schlafkur und um viel zu lesen, mich mit sehr interessanten Kameraden auszutauschen und um Eingaben zu schreiben. Jeweils mit einem Fremdwörterbuch ausgestattet, überlegten wir uns eine Beschwerde – Themen gab es genug, sie lagen immer in der Luft – und formulierten dann Schachtelsätze mit vielen Fremdwörtern, sodass kein Mensch am Ende wirklich erkannte, worum es eigentlich ging (Karl Rahner hätte seine Freude an solchen Sätzen gehabt). Der Erfolg bestand darin, dass wir, wenn wir keine Antwort erhielten, einen formalen Prozess wegen nicht eingehaltener Frist anstoßen konnten. Rechtsanwälte kennen dieses Geschäft. So waren auch diese trüben Monate nicht vergeblich. Autodidaktische Bildung und zwei Freundschaften fürs Leben sprangen dabei heraus – einer ist heute Rechtsanwalt in Bonn, ein anderer Priester der Christengemeinschaft und Grafiker in Bochum. In diesen achtzehn Monaten las ich das Gesamtwerk von Dietrich Bonhoeffer.

Das «Jahrzehnt der Bildung» muss ich präzisieren. Mit Bildung ist mehr gemeint als Ausbildung oder Schulbildung. Es geht immer auch um Menschenbildung – und man kann nicht hoch genug von einer solchen Bildung denken. Als Theologe denke ich so hoch und umfassend von ihr, weil eigentlich schon auf den ersten Seiten der Bibel davon die Rede ist: «Gott schuf den Menschen Ihm zum Bilde» (Gen 1, 26). Das lateinische Wort *eruditio* wird mit «entrohen» übersetzt und meint zum Beispiel: Aus einem rohen Klotz ein Kunstwerk bilden, aber es wird eben auch verwendet im Sinne der «Erziehung eines Schülers» – Bildung also in diesem mehrfachen Sinne.

Gebildet wurde ich durch Tätigkeiten in der Diakonie. Ich wurde sensibilisiert für Kinder und Jugendliche, Frauen und Männer, die im Michaelshof in Rostock (eine Einrichtung für geistig und körperlich behinderte Kinder und Jugendliche) oder im Augustenstift in Schwerin (ein Alters- und Pflegeheim) zu Hause waren. Ihnen allen nicht in der Pose des Stärkeren begegnen, «onkelhaft» oder kumpelig, ihre Angewiesenheit und Abhängigkeit nicht für eigene Zwecke instrumentalisieren, ihre Würde achtend – all das bedarf einer Menschenbildung, und ich erfuhr sie in vielen kleinen Schritten.

In diesen Jahren bekam auch meine musische Bildung Nahrung. In vielen kleinen Bläsergruppen und in manchen großen Kantoreien wurde mir ein großartiger Zugang zur geistlichen Musik ermöglicht, eigentlich zur geistlichen Welt. Und ganz selbstverständlich waren für mich Jazz, Blues oder Rock'n'Roll stets genauso inspirierend und aufbauend.

In all diesen Jahren habe ich immer auch davon gezehrt, dass da gleichaltrige Menschen waren, die mich akzeptierten. Einer von ihnen war Helmut aus Wittenburg. Er öffnete nicht nur sein kleines Zimmer – oft waren wir dort und verbesserten die Welt, hörten Musik, diskutierten, bestärkten uns gegenseitig, hörten einander zu und vertrauten uns gegenseitig in großer Offenheit und Ehrlichkeit unsere Sehnsüchte und Zukunftsträume an. Da war immer viel Raum auch für Phantasie – er öffnete mir auch sein Herz. Helmut ist Tankwart und arbeitet seit seiner Lehre an derselben Tankstelle, die sich im Lauf der Zeit immer wieder neu erfinden musste. Bis heute mache ich dort gerne Station und tanke dann bei Helmut nicht nur Diesel, sondern immer auch ein wenig gute Laune. Es war mir eine große Ehre, bei seiner Hochzeit mit Roswitha Trauzeuge sein zu dürfen und fünfundzwanzig Jahre später den Gottesdienst zur silbernen Hochzeit als Priester gestalten und noch später seine Töchter trauen und seine Enkelkinder taufen zu dürfen. Solche lebenslangen Freundschaften sind selten, aber unglaublich schön und wertvoll. Und während der Ausbildung in Rostock wurde Jens-Peter einer meiner wichtigsten Weggefährten bis heute. Wie kaum mit einem anderen teilte ich mit ihm Lebensvorstellungen und Haltungen, wir entwickelten gemeinsame Visionen, und das mit viel humorvollem Ernst.

Schließlich waren dann die Jahre nach der Ausbildung in der Jugendarbeit sehr prägend und vielleicht die schönste Zeit meiner beruflichen Laufbahn. Für Jugendliche und mit Jugendlichen unterwegs zu sein, hält selber jung. Nun war ich wirklich Handlanger auf Gottes Bauplatz, sah und erlebte viele Baustellen und legte selbst Hand an – ein besonderer «Bauplatz» war Taizé. Die Lektüre der Tagebuchaufzeichnungen von Frère Roger Schutz (Gründer und Prior der Communauté de Taizé) inspirierte mich nachhaltig.

Burgund: In dieser weit geschwungenen Hügellandschaft fand von der zweiten Hälfte des 10. Jahrhunderts bis um die Mitte des 12. Jahrhunderts die Entwicklung statt, deren Zeugnisse die romanischen Kirchenbauten sind. Eine Entwicklung, die weit über die Grenzen dieses Gebietes bedeutsam war; dort schlug damals das Herz der Menschheit. Was für ein Boden, aus dem dieses bewundernswerte Wachstum hervorgelockt wurde, der es zu «tragen» vermochte und bis in unser Jahrhundert hinein vermag. Nahe den Ruinen der im Mittelalter bedeutendsten Abtei Cluny, welche einmal der Thronsaal eines mächtigen Reiches des Geistes im Abendland war, liegt das kleine Dorf Taizé. Die Brüder dieser ökumenischen Gemeinschaft bilden ein geistliches Zentrum für Jugendliche aus der ganzen Welt. Mehrere Generationen sind seit den Sechzigerjahren nach Taizé gekommen, um nach Antworten auf ihre Fragen zu suchen.

Dieser Pilgerweg eines ganzen Lebens beginnt zunächst in jedem Einzelnen: Selbst aufbrechen, die eigenen inneren Gefängnisse besuchen, den Weg der Befreiung gehen, den Durchbruch von der Besorgnis zum Vertrauen. In der einfachen Umkehr des Herzens tagtäglich einen Neuanfang versuchen, auch bereit sein, Rückschläge einzustecken. Aus dieser Quelle kommt Kraft und Vertrauen, um in der eigenen Stadt – dort, wo man halt lebt – kleine Wege der Versöhnung zu wagen. Aus dieser Quelle habe ich fast zwei Jahrzehnte Jugendarbeit in Mecklenburg mitgestalten können.

An dieser Stelle füge ich eine kleine Geschichte ein, weil sie so schön ist, und verneige mich mit dieser Geschichte vor dem Menschen und Freund Heinrich Rathke.

Besondere Ringe haben oft ein besonders Schicksal. Manchen ist die schicksalhafte Verbindung von Gollum und dem Ring aus dem phantastischen Roman «Der Herr der Ringe» des englischen Gelehrten J. R. R. Tolkien bekannt. Von dem Ring, von seinem Besitz hängt das Schicksal der ganzen Welt ab. Gollum ist bereit, alles zu tun, um wieder im Besitz des Ringes zu kommen, den er schon einmal besessen und dann verloren hat. Als ihm das auf vielen Umwegen, wenn auch nur für kurze Zeit, gelingt, hält er den Ring außer sich vor Verzückung in den Händen mit den Worten: «Er ist zu mir zurückgekehrt, mein Schatz!» Nicht ganz so abenteuerlich, aber doch überraschend genug ist der Weg des Ringes, von dem hier die Rede sein soll. Auch bei diesem Ring handelt es sich um eine Rückkehr. So schreibt Dr. Heinrich Rathke, der ehemalige evangelische Landesbischof aus Mecklenburg, in seinen Erinnerungen: «Um 1980 war es gelungen, den Prior von Taizé, Roger Schutz, mit einigen seiner Brüder nach Schwerin einzuladen. Tausende von Jugendlichen waren dazu in den Schweriner Dom gekommen. Roger Schutz quartierte sich mit seinen Leuten bei uns ein, etliche Taizé-begeisterte Jugendliche gesellten sich dazu und unsere sieben Kinder. Da waren unsere Räume für einige Tage mit Taizé-Atmosphäre erfüllt.»

Bei ebendiesem Besuch in Schwerin, den ich seinerzeit live miterleben durfte, vergaß Frère Roger seinen Ring, den er als Prior trug. Wohl mit der Absicht, den Ring bei nächster Gelegenheit zurückzugeben, wurde er in ein Kuvert gelegt, im Schreibtisch des Bischofs deponiert – und vergessen. Erst rund vierzig Jahre später erbte einer der Söhne den Schreibtisch, der Ring tauchte wieder auf, die Familie Rathke gab mir den Ring, um ihn wieder nach Taizé zu bringen und Frère Alois, dem jetzigen Prior, mit dieser Geschichte zu überreichen. «Er ist wieder zurückgekehrt», so oder ähnlich nahm ihn Frère Alois nach dem Abendgebet am 16. August 2020 mit Freuden entgegen – fünfzehn Jahre zuvor, am 16. August 2005, war Frère

Roger während des Abendgebetes in der Versöhnungskirche tätlich angegriffen worden und war wenige Minuten danach seinen Verletzungen erlegen. Für mich war diese Fahrt wie ein Nachhausekommen, denn nach der politischen Wende 1989/90 war ich oft mit vielen Jugendlichen in Taizé und hatte gute Begegnungen mit Frère Roger und seinen Brüdern. Es war für mich ein Schritt auf dem «Pilgerweg des Vertrauens» oder wie es der einstige Papst Johannes Paul II. einmal sagte: «Man kommt nach Taizé wie an den Rand einer Quelle.»

Dass ich vor, während und nach der Wende in Ostdeutschland Jugenddiakon war, hatte natürlich auch auf Inhalte einen großen Einfluss. Fast zehn Jahre gehörte ich zu einem Arbeitskreis der «Evangelischen SchülerInnen-Arbeit» auf Bundesebene, der seinen Sitz in Berlin hatte und für ganz Deutschland Impulse setzte. Es ging darum, Jugendliche für gesellschaftspolitische, ökonomisch-ökologische, kulturelle und spirituelle Prozesse zu sensibilisieren und aktiv einzubeziehen. Auch hier zeigte sich, dass Aktion und Spiritualität eben keine Gegensätze sind, sondern sich sinnvoll ergänzen. Leiter dieses Arbeitskreises in Berlin war Pastor Martin König, unsere freundschaftliche Verbindung bis heute ist immer ein guter Grund, von Hamburg nach Berlin zu fahren.

Und just in diesen Tagen erreichte mich eine Flaschenpost von Arne, er war einer der Jugendlichen von damals, und ohne ihn ging keine Tür zu. Sein Brief fügt sich hier wunderbar ein, sozusagen als Bestätigung dessen, was ich zu der Zeit meiner Jugendarbeit geschrieben und wie ich diese schönen Jahre selbst wahrgenommen habe.

Lutherstadt Wittenberg, den 1. Mai 2021
Lieber Karl,
welche Schmerztablette verwendest Du heute für Dich –
30 Jahre nach der Wiedervereinigung?
Wenn die Corona-Zeit etwas Gutes mit sich bringt, dann ist es Zeit, viel Zeit auch zum Durchsortieren der eigenen Unterlagen. Dabei stieß ich auf einen Zeitungsartikel aus meiner Heimatstadt Güstrow zu Beginn der 90er-Jahre über eine unserer Aktionen Deiner Evangelischen Schülerarbeit.
«Wir fordern die Wiedervereinigung der Spalttablette – Jetzt!» war damals das Motto. Auf zwei nebeneinanderstehenden Werbetafeln wurden von uns die zwei Hälften einer Spalttablette gestaltet und angebracht. Eine typische Aktion von Dir, die mir in guter Erinnerung geblieben ist. Sie forderte unsere Kreativität und unseren Humor gleichermaßen heraus. Diese Zeit in und nach der Friedlichen Revolution war voller Dynamik, Ereignisse und Fragen, aber auch die Zeit der Mitgestaltung in der kirchlichen Synode, bei der neuen Schulpolitik, ersten Schülerzeitungen, offener Jugendarbeit auch außerhalb des kirchlichen Raumes und auch Reisen nach Taizé in Frankreich (Reisefreiheit war ja eine unserer vehementen Forderungen!). Neben Deiner Begleitung zu Glaubens- und Lebensfragen und der Suche und Entwicklung der eigenen Haltung und Spiritualität hast Du in Deiner Schüler- und Jugendarbeit auch Raum und Dialogmöglichkeiten zu all diesen Themen geschaffen. In der Rückschau war das extrem wichtig für mich!
Im Artikel lautet es weiter: «Zwischen der deutschen und der europäischen Vereinigung und der Art, wie die Medien und die Politik damit umgehen, empfinden Jugendliche

*dieses Thema nicht ohne Ironie. Fast nichts ist vereint, und wenige sind sich einig. Mitten durch die Lebenswirklichkeit vieler Menschen vollziehen sich Spaltungen.» Mit einem Schmunzeln lese ich diese Zeilen und Aussagen, die mich tatsächlich weiterhin in den Bann schlagen und ja bis heute mein Tun und Engagement ausmachen. Wir beide hätten damals am Güstrower Schloss bei der Aktion nicht gedacht, dass ich einmal als Europaabgeordneter für Sachsen-Anhalt für ein demokratisches und rechtstaatliches Europa sowie für Religionsfreiheit und Menschenrechte in Europa und der Welt eintreten würde. Die ungerechte Spaltung geht leider weiterhin auch quer zwischen Europa und Afrika, die wir Christen nicht hinnehmen dürfen! Dankbar denke ich dabei an unsere gemeinsame Unterstützungsaktion mit Udo Lindenberg in Hamburg für die europäische und zivile Seenotrettungsaktion SOS Méditerranée zur Rettung Schiffbrüchiger aus Afrika. Alleine 236 Menschen wurden gestern von ihnen gerettet.
Lass uns in diesem Sinne auch im kommenden Jahrzehnt nach der Friedlichen Revolution weiterhin für die «Wiedervereinigung der Spalttablette» kämpfen! Derzeit verbindet uns ja die Elbe, die nicht nur durch unsere Städte Lutherstadt Wittenberg und Freie und Hansestadt Hamburg fließt, sondern auch über die Nordsee, den Atlantik bis hin zum «Kap der Guten Hoffnung» – dessen sollten wir auch immer eingedenk sein, auch darin hast Du mich seit Deiner Jugendarbeit stets bestärkt. Ich freue mich auf unser Wiedersehen nach der langen Corona-Zeit! Herzlichst, Arne*

Als deutlichen Einschnitt erlebte ich meine «Lebensmitte» um 1995, als einen inneren Vorgang, der, wie ich heute glaube, erst in der Folge auch zu äußeren Veränderungen führte. Da hatte sich im Lauf der Jahre im «Untergrund» etwas entwickelt, vorbereitet, das erst durch äußere Umstände zum Durchbruch, sozusagen ans Licht kam. Viele freundschaftliche Begegnungen mit Priestern führten dazu, dass mir ihre Lebensweise immer sympathischer wurde und für mich mehr und mehr eine Alternative darstellte. In Taizé lernte ich die Universalität der Kirche kennen – bisweilen dachten die Mecklenburger, sie seien der Mittelpunkt der Welt. Viele Pastorenfamilien waren miteinander verwandt und bildeten einen inneren Kreis, das führte nicht selten zu einem gewissen Standesdünkel – wer da von außen kam und in diesen «Kreis» eindrang, gehörte nie wirklich ganz dazu. Man wollte unter sich bleiben. Und in der Evangelischen Michaelsbruderschaft wurde ich eingeführt in Formen der Meditation und Liturgie, die in der verfassten evangelischen Kirche gelegentlich argwöhnisch beäugt wurden. Fazit: Es wurde für mich immer enger.

Ich war also auf einem Höhepunkt und Tiefpunkt zugleich. Ich sah mich auf dem Höhepunkt meiner beruflichen Bahn, meiner sozialen Möglichkeiten und meiner anerkannten Fähigkeiten und Fertigkeiten. Ich hatte ein eigenes Profil entwickelt und war als einer der handelnden Protagonisten in der kirchlichen Jugendarbeit innerhalb und außerhalb der Landeskirche anerkannt und akzeptiert. Kurz – ich besaß alles, was man heutzutage besitzen muss: einen gewissen Lebensstandard, Freunde und menschliche Anerkennung, beruflichen Erfolg. Was wollte ich mehr?

Ich spürte aber schon lange, obwohl es mir wie beschrieben äußerlich relativ gut ging, dass sich tief in mir etwas tat und bemerkbar machte: Meine eigentliche Berufung. Ins Haus stand mal wieder eine Veränderung oder, anders ausgedrückt, die Notwendigkeit der Konversion. Lange habe ich sie mir selbst verboten, weil ich der Meinung war, das gehöre sich nicht. Die Jahre in der aktiven Jugendarbeit neigten sich dem Ende zu, ich wollte auch kein «Berufsjugendlicher» sein, und so vollzog ich im 42. Lebensjahr diesen Schritt, zumal es an beruflichen Perspektiven in der damaligen evangelischen Landeskirche in Mecklenburg mangelte. Das war ein Risiko mit offenem Ausgang – wie fast alle meine Schritte –, aber ein Schritt, der sich gelohnt hat, der alle Anstrengung wert war. Dieser Schritt war ausdrücklich kein Protest gegen meine Herkunftskirche, kein Weglaufen, sondern ein bewusstes Hineingehen in meine Zukunftskirche. Man wird nur neue Räume betreten können, wenn man alte verlassen kann. Bezogen auf diesen Kirchenwechsel sagte mir vorbeugend, damit ich mir keine falschen Vorstellungen oder gar Illusionen mache, ein erfahrener Priester: «Es ist derselbe Misthaufen, es sind nur andere Fliegen.» Er hatte damit so recht! Und mein Bruder Konrad Wilhelm stellte mir eine finanzielle Unterstützung während der bevorstehenden Ausbildung in Aussicht, das tat er schon einmal während meiner Diakon-Ausbildung, aber nur unter der Bedingung, dass ich nicht in ein paar Jahren zum Buddhismus übertrete.

Von heute aus gesehen schien sich ein Weisheitswort von Friedrich Rückert zu bestätigen: «Vor jedem steht ein Bild des, das er werden soll, solang' er das nicht hat, ist nicht sein Friede voll.» Es weist auf Tatsachen hin, nämlich auf das Vorhandensein eines inneren Werdebildes, das tief in der Seele eines jeden Menschen schlummert. Jeder hat sein eigenes und unverwechselbares Bild dessen, was er werden soll. Alles geistige Bemühen, alles Fragen und Ringen nach und mit sich selbst, alle Schicksalsereignisse – dazu zähle ich unbedingt auch die vielen Begegnungen – können als ein dauernder Versuch verstanden werden, es bewusst zu machen und dann auszufüllen. Meine jeweils gegenwärtige Lage oder Erscheinung verhält sich zu diesem Ur-Bild bestenfalls wie ein Entwurf, schlimmstenfalls wie eine Karikatur – mir ist beides nicht fremd. Man ist mit dieser Erfahrung nie fertig, man ist immer im Werden, solange man lebt. Noch in der Todesstunde, so glaube ich, steht jenes Ur-Bild groß vor mir, wenn dann alle anderen Wirklichkeiten hinfällig werden, tritt es erst recht hervor. Dieses Ziel- und Zukunftsbild meiner selbst weist mich darauf hin, dass ich am Ende meiner Tage einmal danach gefragt werde, ob ich wirklich ICH geworden bin, ob ich wirklich der geworden bin, der ich sein soll, nämlich Karl Schultz und nicht etwa ein anderer, ein heimliches Vor-Bild, ein Idol oder irgendeine Phantasieperson. Und deshalb kommt es sehr darauf an, das wahrzunehmen, aufzunehmen, anzunehmen und im Laufe des eigenen Lebens zu bearbeiten, was da an Themen und Motiven im eigenen Leben hörbar wird, sozusagen einem als Lebensmelodie zugespielt wird und schließlich in alledem ein Bild zu erkennen, das man werden soll.

An einem Freitag im September 1998 konvertierte ich, und bereits am Sonntag danach fand ich mich im Priesterseminar Studienhaus Burg Lantershofen als Seminarist wieder. Ich hatte keine Zeit zum Abschiednehmen. Vor mir lagen nun Jahre, in denen ich ungestört Philosophie und Theologie studieren durfte. Als über Vierzigjähriger darüber nachzudenken und philosophisch wie theologisch zu reflektieren, was man die letzten zwei Jahrzehnte getrieben hatte, war wirklich ein großes Glück. Mir war aus eigenen Erfahrungen klar, dass das Leben nur mit Männern in einem Haus über längere Zeit auch Gefahren in sich bergen kann. Als Maurerlehrling wohnte ich mit nur männlichen Lehrlingen drei Jahre in einem Internat; als Diakon-Schüler für jeweils zwei Jahre im Brüderhaus, als Bausoldat achtzehn Monate mit männlichen Kameraden in einer Kaserne – da entwickelt sich leicht eine Art von Hospitalismus. Ich war also erprobt und hatte meine Strategie dagegen bereits entwickelt. Sich bloß nicht in kleinen und kleinkarierten Gruppen einnisten oder die Zeit mit Nebensächlichkeiten verbringen, sondern sich auf das Studium konzentrieren: Das war meine Devise, und ich fuhr gut damit, so gut, dass der verantwortliche Leiter des Studienhauses es mir in einem Abschlussgutachten bestätigte: «Herr Schultz hat zweifellos seinen Akzent auf das theologische Studium gelegt. Er ist ein eigenständiger Denker. Das zeigt auch seine theologische Zulassungsarbeit, die von ihrem Inhalt und Umfang her aus dem Lantershofener Rahmen herausfällt.» Und der Professor, der diese Arbeit abschließend zu bewerten hatte, schloss sein Gutachten mit dem Satz: «Gäbe es im Lantershofener Notenkanon eine bessere Note als sehr gut, so würde ich sie gern geben. So bleibt es leider bei 1 (sehr gut).» Ich lief zu Hochform auf. Wie nie zuvor hatte ich große Freude am Lernen und Studieren.

2003 wurde ich zum Priester geweiht – das große Ziel war erreicht, aber mein Weg noch lange nicht zu Ende. Fünf Jahre war ich als Studenten- und Jugendseelsorger in Lübeck tätig. Als dortiger Kaplan an der Propstei Herz Jesu wuchsen mir besonders die Lübecker Märtyrer ans Herz: Drei katholische Kapläne und ein evangelischer Pastor wurden am 10. November

1943 von den Nationalsozialisten ermordet, weil sie sich ihrem christlichen Gewissen verpflichtet fühlten und gegen Unrecht und Willkür des damaligen Staates aufbegehrt hatten.

Es folgten knapp zwei Jahre als Gemeindepfarrer in Ludwigslust. Von der dortigen Schlossfreiheit führte mich mein Weg 2010 zur Großen Freiheit nach Hamburg. Und davon will und muss ich nun in vielen kurzen Erzählungen berichten.

WEG WIRD WEG IM GEHEN

Ein wenig habe ich meine Wanderung durch die Zeit, durch meine Lebenszeit skizziert, über Stationen geschrieben und manche Linien gezogen von dort nach hier oder von hier nach dort. Das war kein chronologischer Lebenslauf, obwohl manche Daten schon ein eigenes Gewicht hatten, eine besondere biographische Bedeutung.

Ich hatte kein Damaskus-Erlebnis. Umgangssprachlich verstehen wir darunter eine Bekehrung, nämlich die Begegnung des Völkerapostels Paulus von Tarsus mit dem auferstandenen Jesu, also ein konkretes Erlebnis, das seinem Leben eine neue Richtung gab, einen neuen Sinn, eine radikale Veränderung. Ein solches Erlebnis kann ich nicht anführen, jedenfalls kann ich keinen Ort und kein Datum nennen. Lieber spreche ich von einer inneren und äußeren Entwicklung, von einem längeren Prozess, der mich immer wieder herausforderte, eigene und souveräne Entscheidungen treffen zu wollen und zu müssen. Gerne rede ich auch von einer Art Emanzipation oder auch davon, dass zugunsten meiner Selbstbestimmung viele erkennbare Fremdbestimmungen zurückgedrängt und somit in Grenzen gehalten wurden, ganz ausschließen kann man sie ja nie, wir leben eben nicht einsam auf einer Insel, sondern sind immer eingebunden in Zeit und Raum. Und dennoch lege ich die Betonung auf eigene Entscheidungen. Darin steckt ja das Wort Scheidung. Mehr und mehr ist mir der Geist der Unterscheidung wichtig geworden – von den vielen Angeboten des

Lebens, von den vielen Möglichkeiten diejenigen entdecken, die für mich angemessen oder mir zugemessen sind. Man muss nicht jede Jacke anziehen, die einem hingehalten wird, aber man muss zugreifen, wenn eine passt. Es ist mir nicht immer, aber oft gelungen, den richtigen Zeitpunkt für die richtige Entscheidung zu treffen, indem ich Räume verlassen habe, um Neues zu wagen oder, wie es eine alte Indianerweisheit ausdrückt: «Wenn du merkst, dein Gaul ist tot – steig ab.» Du darfst nicht ignorieren, wenn es solche «toten Momente» in deinem Leben gibt, wenn es Zeit ist zu gehen.

Das Leben ist ein Weg, eine Reise, eine Wanderung. Es hat einen Sinn und eine Richtung.

Der Held im Märchen muss sich lösen von früheren Bindungen, muss sich allein bestimmten Aufgaben stellen. Der Weg in die Isolation führt in die Einsamkeit. Sind Gefahren und Einsamkeit bestanden, führt das Entwurzelt-Sein zu einer Allverbundenheit, die heilsam wirkt. Oft zeigt sich die Isolation des Märchenhelden darin, dass er als dumm gilt oder unbeholfen, dass ihm nichts oder nur sehr wenig zuzutrauen ist. Im Grunde habe ich davon geschrieben, dass es Erfahrungen gibt – und ich durfte sie machen –, die den Abstand von Gewohntem voraussetzen, besonders die Erfahrungen des unverwechselbar eigenen Lebenssinnes auf meiner Lebenswanderung.

«Der Mensch wird des Weges geführt, den er wählt» und «Weg wird Weg im Gehen!» Wir spüren sofort die Spannung: Wir werden geführt – wir wählen! Wenn wir uns ganz tief, in Übereinstimmung mit unserem Wesen, für etwas entschieden haben, dann werden in uns Kräfte frei, dann wachsen uns Kräfte zu, die uns den Weg öffnen und zu gehen ermöglichen.

Denn letztlich kommt es darauf an, nicht nur über einen Weg geschrieben oder gesprochen und nachgedacht zu haben, sondern ihn gegangen zu sein.

Und ganz unverdient ist es ein großes Geschenk, auf seinem Weg immer wieder Menschen begegnen zu dürfen. Von drei Begegnungen will ich erzählen. 1927, 1928, 1929 – drei Jahrgänge, drei besondere Menschen aus diesen Jahrgängen, die etwas gemeinsam hatten, sie waren sehr weise Männer: William Wolff 1927, Heinrich Rathke 1928 und Peter Heidrich 1929.

«Weisheit» ist eines der ehrwürdigsten Wörter unserer Sprache, eines der wenigen Wörter, die nicht dem allgemeinen Gesetz der Verflachung und Sinnentleerung erlegen sind. Wir gehen sparsam um mit diesem kostbaren Wort, und nur wenige Menschen würden wir die Ehre erweisen, sie «weise» zu nennen, denn dann reden wir in großer Ehrerbietung von einer letzten Würde, zu der ein Mensch reifen kann.

Rabbi William Wolff: 1927 in Berlin geboren und 2020 in London gestorben, mit zwölf Jahren nach England emigriert, dort als Journalist gelebt und gearbeitet und mit fünfzig Jahren Landesrabbiner in Mecklenburg geworden.

Meine erste Begegnung mit ihm war im Jahr 2002 in Güstrow. Der dortige Pastor, Folker Hachtmann, gründete nach der Wende einen Verein, der sich mit jüdischem Leben in Güstrow beschäftigte. Später erhielt er von der Stadt für sein Engagement die Ehrenbürgerschaft verliehen. Im Dom zu Güstrow fand in diesem Kontext eine Veranstaltung statt, zu der auch Rabbi Wolff eingeladen war. Während einer Pause standen der Rabbi, einige evangelische Pastoren und ich vor dem Dom im Kreis und unterhielten uns. Einer der Pastoren berichtete mit bedeutender Stimme von seiner Arbeit und hob dabei hervor, dass er viel Zeit damit verbringe, sich die Sorgen und Nöte seiner Schäfchen anzuhören. «Das kenne ich auch», sagte der Rabbi und erzählte uns einen Witz: *Ein Jude will beim Rabbi Rat holen. Drei Stunden lang schwätzt er, dann fragt er: «Rabbi, was soll ich tun?» «Du sollst dich taufen lassen», rät der Rabbi. Der Jude ist beleidigt: «Rabbi! Was soll das?!» Der Rabbi: «Dann wirst du in Zukunft dem Pfarrer den Kopf verdrehen und nicht mir!»* Über jüdische Witze hatte ich viel gelesen und gehört. Nun aber lernte ich jemand kennen, der sie sehr authentisch erzählte, aber nicht, um einfach nur zu belustigen, sondern um zu entspannen. In einer anderen Versammlung, auch wieder mit evangelischen und katholischen Geistlichen, trug ein Teilnehmer seine Sicht der Dinge sehr leidenschaftlich vor, brachte einzelne Textbeispiele aus dem Matthäusevangelium mit dem Antisemitismus in Verbindung und hob hervor, wie geradezu dämonisch sich diese «theologische Verkürzung» geschichtlich ausgewirkt hat. Rabbi Wolff entgegnete: «Aber wir Juden haben vom Christentum auch zwei Dinge gelernt, die Liebe zur Liturgie und die Pünktlichkeit!». So nahm er immer wieder Druck aus dem Kessel.

Ein Dreivierteljahr vor seinem Tod im Jahr 2020 fuhr der Hamburger Weihbischof Horst Eberlein mit mir und ein paar weiteren Priestern nach London. Aus Rostocker und Schweriner Zeiten war er mit Rabbi Wolff sehr herzlich verbunden. In London übernachteten wir in einem Hotel. Von dort aus riefen wir Rabbi Wolff an, um uns mit ihm zu treffen. Er kam zu uns, erkundete sich, welche Sehenswürdigkeiten wir uns schon angeschaut hätten, und machte uns klar, dass wir etwas sehr Entscheidendes noch nicht kannten. So fuhr er mit uns im Taxi quer durch London zur alten Deutschen Botschaft, wo der deutsche Botschafter von 1936 tatsächlich seinen Hund Ciro begraben hatte. Weil wir das Grab nicht sofort fanden, kümmerte sich Felix, einer der Priester dieser Gruppe, höchst persönlich und auf seine Weise: Auf der anderen Straßenseite stand ein Aufgebot von Polizisten, weil dort offenbar eine Demo stattfand. Felix ging zu ihnen und sagte: «Hier soll irgendwo ein Hund begraben sein, können Sie uns da weiterhelfen?» Die Polizisten verstanden diese Frage als einen schlechten Scherz und reagierten entsprechend. Inzwischen hatten wir das Grab entdeckt. Der Rabbi freute sich wie ein Kind, dass er uns eine Kuriosität zeigen konnte, die selbst in London weitgehend unbekannt schien, und zeigte einmal mehr seinen hintergründigen Humor. Meine und unsere letzte Begegnung mit Rabbi Wolff endete in London auf einem Bahnsteig. Er segnete uns. Das ging mir unter die Haut.

Rabbi Wolff war klein von Person und zierlich, aber sein Gesicht war offen und fröhlich, sein Lachen offenbarte sein Wesen. Er hatte keine Berührungsängste. Immer wieder betrat er Kirchen und machte deutlich, worauf es ihm ankam: auf Verständigung und Versöhnung.

Nahe der Stadt Ludwigslust in Wöbbelin befindet sich eine KZ-Mahn- und Gedenkstätte. Im Mai jeden Jahres kommen ehemalige Überlebende nach Wöbbelin und Ludwigslust, um an den Holocaust zu erinnern. Auch für Rabbi Wolff war es wichtig, dabei zu sein. Am 10. November jeden Jahres gedenken Christen in Lübeck der Ermordung der vier Geistlichen aus Lübeck. Über den 9. November habe ich ja geschrieben. Dass ein Jude einen Tag später, am 10. November, eine Kirche betritt und einen christlichen Gottesdienst mitfeiert, ist alles andere als selbstverständlich. Und als ich in der Propsteikirche in Schwerin die Fastenpredigten zu mehreren Psalmen hielt, saß Rabbi Wolff in der ersten Reihe. Ich habe stets die Größe und die Menschlichkeit dieses Mannes bewundert. In meinem Gedächtnis bleibt er lebendig, und so höre ich oft den Klang seiner Stimme, die sagt: Herrlich! Kolossal!

Heinrich Rathke, 1928 in Mölln bei Neubrandenburg geboren, wuchs im Pfarrhaus Malchow auf, von der Oberschule Waren wurde der Jahrgang 1928 noch in die Marineflak eingezogen. Nach dem Krieg studierte er an verschiedenen Orten Theologie und wurde 1956 in Rostock promoviert. Sein Weg als Pastor in Mecklenburg führte ihn zunächst ins Dorfpfarramt, danach in die Stadt und wiederum danach ins Landesamt für Gemeindedienst, von 1971 bis 1984 in das Amt des Landesbischofs und endete schließlich als Pastor in einer Kleinstadt.

Am 20. Januar 1999 fand in der Aula der Universität Rostock ein Akademischer Festakt statt, an dem ich die Ehre hatte, teilnehmen zu dürfen. Heinrich Rathke und Joachim Gauck wurden mit der Ehrendoktorwürde der Theologischen Fakultät geehrt. In seiner Dankesrede ging Heinrich Rathke auf den Umgang mit anderen und die christliche Weggefährtenschaft ein, und damit berührte er Themen, die ihn zeit seines Lebens umtrieben, als Kirchenmann und als Mensch. Sein Umgang mit anderen war freundlich-gelassen, auch mit schwierigen Gesprächspartnern. Als er von 1962 bis 1969 Pastor in der Südstadtgemeinde in Rostock war, war Hans Seigewasser als SED-Mann im Rat des Kreises für Kirchenfragen verantwortlich. Im Gespräch mit Rathke gab er den Christen noch etwa 40 Jahre zum Überleben. Heinrich Rathke nahm es gelassen hin. Ein paar Jahre später, Rathke war Landesbischof und Seigewasser Staatssekretär für Kirchenfragen, korrigierte Seigewasser seine Prognose von einst und sprach von etwa 400 Jahren. Rathke nahm es gelassen hin – sehr weise!

Heinrich Rathke hatte viele Ämter inne, aber nie definierte er sich über ein Amt oder über einen Titel. Er war und ist bis heute ein Mensch unter Menschen, und um die vielen engagierten Menschen in den Gemeinden kümmerte er sich. Und er wusste, wie zerbrechlich – gerade in einer Diktatur! – menschliche Herzen sind. «Der Herr heilt, die zerbrochenen Herzens sind, und verbindet ihre Wunden» (Ps 147, 3). Wie vielen Menschen mit zerbrochenen Herzen ist er begegnet, und wie viele Wunden hat er geheilt? Und es ging Heinrich Rathke immer auch darum, den Auftrag der Kirche ins Heute zu übersetzen. Sie darf sich nicht «nur» um sich selbst kümmern. So prägte er den Begriff «Kirche für andere».

Am Telefon – es war um seinen 92. Geburtstag – erzählte mir Heinrich Rathke eine berührende Geschichte. Nach der politischen Wende war er in Omsk in Sibirien zum «Bischöflichen Visitator» für Kasachstan eingesetzt worden. Jeder kann sich sofort vorstellen, mit wie vielen Schicksalen er zu tun bekam, mit welch großem Leid er dort in Berührung kam, mit frischen Wunden der Gegenwart und alten Wunden aus der Vergangenheit, manche davon waren vernarbt, und andere blieben offen. 1992 hatten er und seine Frau Marianne 35 Orte in Kasachstan und Zentralasien besucht. Bei dieser Reise kam es auch zu einer Begegnung in Duschanbe in Tadschikistan mit den «Missionarinnen der Nächstenliebe», den Schwestern von Mutter Teresa von Kalkutta. Besonders tief war er davon berührt, dass auch eine damals noch sehr junge Schwester aus Sachsen mit dabei war. Zwei Christenmenschen aus den «neuen» Bundesländern inmitten von Christen aus aller Welt, das verbindet sofort.

Nach unserem Telefonat recherchierte ich, fand jene Schwester und konnte bereits am nächsten mit ihr telefonieren. Sie lebt und arbeitet heute als Missionarin der Nächstenliebe in München und leitet dort mit einigen Mitschwestern ein Haus für Wohnungslose. Beide, Heinrich Rathke und Sr. Christina, waren hoch erfreut, dreißig Jahre nach ihrer Begegnung in Tadschikistan voneinander zu hören.

Die Freundschaft mit Heinrich Rathke entwickelte sich erst in den letzten Jahren, sie hat wohl etwas zu tun mit der Freundschaft zwischen seinem Sohn Heinrich Andreas und mir und mit meinem Aufenthalt in Lübeck. Wir besuchten gemeinsam auf dem Alten Schweriner Friedhof einige Gräber von Menschen, die uns wichtig waren. Ach, dass wir sie nicht vergessen, die Menschen vor uns, die uns prägten und liebten. Es waren sehr intensive und tiefe Momente und Gespräche, die wir da auf dem Friedhof hatten. Gerade dieser Ort machte uns deutlich, dass solche Verbindungen über den Tod hinaus Bestand haben. Und solltest du, lieber Heinrich, dieses Buch lesen, dann an dieser Stelle herzliche Grüße!

Peter Heidrich, 1929 in Stettin geboren und 2007 in Rostock gestorben, verbrachte nach 1945 seine Schul- und Jugendjahre in Schwerin, studierte in Rostock Theologie und alte Sprachen, dort wurde er promoviert und hat sich habilitiert für Religionsgeschichte und Neues Testament. Eine Professur erhielt er erst nach der Wende 1989/90. Ebenfalls erhielt er einen Lehrauftrag an der Hochschule für Musik und Theater in Rostock. Ab und zu sagen mir Schauspielerinnen und Schauspieler nach Theaterbesuchen in Hamburg mit leuchtenden Augen, wie sehr ihnen diese seine Vorträge oder Vorlesungen gutgetan hatten und ein Verständnis für ihre Kunst vermittelten.

«Erzähl uns doch keine Märchen!», spotteten die einen – «doch, erzähle uns Märchen!», forderten die anderen. Peter Heidrich war ein großer Märchen-Erzähler. Ja, ein Erzähler, kein Ableser. Und sein Erzählen zog die Hörenden in seinen Bann. Stundenlang konnte man zuhören und vergaß buchstäblich die Zeit. Sein Erzählen war von einer Art, dass eine Distanz zwischen Erzähler, Erzähltem und Hörer nahezu aufgehoben wurde. Alles wurde Gegenwart. Und nicht durch Erklärung, sondern aus dem Erzählten selbst verstand jeder die Symbolsprache der Märchen, verstand, was es mit der Drei auf sich hat, was Weg, Bewährung, Ziel, Schicksal, Erkenntnis, Wald, Brunnen et cetera mit dem eigenen Leben zu tun haben. Und dass Märchen, Legenden, Sagen etwas Zeitloses, immer Gültiges über das Leben und das Menschsein offenbaren, und genau hierin besteht eine Wesensverwandtschaft auch zur Bibel.

Als Wissenschaftler der Religionsgeschichte sprach er zu vielen Themen und musste sich nie über leere Hörsäle Sorgen machen. Von fremden Religionen wusste er viel zu erzählen. Dabei kam es ihm immer darauf an, Religionen aus ihrem Selbstverständnis darzustellen, er verzichtete darauf, sie aus einer christlichen Perspektive zu bewerten. Mit einer respektvollen Verneigung gab er solches Wissen weiter. Kabbalistische Mystik zum Beispiel war ein immer wiederkehrendes Thema. Das hebräische Sprachbild ist im Wesentlichen durch die Konsonanten bestimmt. Die Vokale werden nur durch Punktierung in die Wörter eingefügt, können aber auch ganz weggelassen werden. Die Konsonanten sind im Hebräischen zugleich die Zahlen. Mystisch hat er sozusagen die Bibel interpretiert, indem er einzelne bedeutsame Begriffe oder Sätze aus dem biblischen Text auf ihren Zahlenwert hin untersuchte und dann durch verschiedenartige andere Aufteilung der Zahlenwerte neue Zusammenhänge ermittelte. Zahlen, so habe ich gelernt, sind keine Quantitäten, sondern Qualitäten. Peter Heidrich hat mir ein Bibelverständnis vermittelt, das eben über die reine Bibelwissenschaft hinausging. Durch alle Bücher der Heiligen Schrift ziehen sich bestimmte Grundanschauungen hindurch, die wie die Verstrebungen einer technischen Konstruktion die entferntesten Punkte miteinander verbinden und einander festhalten. Eine ganz bestimmte Schau des Menschen, ein bestimmtes Bild von dem Sinn seiner Existenz, von seiner Not und seiner Bestimmung. Ein eigentümliches Zeitgefühl, eine bestimmte Art, die «Zeit» im Spannungsbogen zwischen Kairos und Kronos zu erleben. Eine bestimmte und sehr geprägte Auffassung von dem Sinn der Geschichte, von der Verschiedenheit der Völker, von Sinn und Grenze der großen die Welt beherrschende Reiche. Ein verborgenes und doch offenbares Wissen um das Weltganze.

Peter Heidrich, der Erzähler, verließ den Kirchenraum und ging in die Kinos, Theater, auch mal ins Zirkuszelt oder auf einen Kutter – seine «Bühne» war dort, wo er Menschen erreichen konnte. Dantes «Göttliche Komödie» oder Goethes «Faust» wurden dem Zuhörer nahegebracht. Ich bedaure sehr, dass Sahra Wagenknecht, die Teile von Goethes «Faust» auswendig hersagen kann, nie diese besonderen «Faust»-Vorlesungen gehört hat – sie hätte ganz bestimmt einen Zugang und ein Vergnügen gehabt.

Mir wurde die Begegnung mit ihm schicksalhaft, er wurde mir Lehrer, Bruder und Freund.

Latein und Philosophieunterweisung bekam ich privat vermittelt. In meiner Wohnung trafen sich über mehrere Jahre unter seiner Regie fakultätsübergreifend Studierende der Uni Rostock zu einem Lesekreis. Zur Lektüre gehörten Kant, Nietzsche, Steiner, Heidegger, viele Kirchenväter oder Mystiker. Persönliche Lektüre und vertiefende Besprechung, das gehörte zusammen, das war Bildung auf hohem Niveau.

Eines Tages lud Peter Heidrich mich als Gast im Konvent der Michaelsbrüder, deren Leiter er war, ein. Dort lernte ich bis dahin mir unbekannte Formen der Liturgie, das ist in der Kirche die kultische Feier des Lebens, und die Meditation verbunden mit Leibesübungen kennen. Nach einer Weile des Kennenlernens und des Praktizierens wurde ich zur Aufnahme in die Michaelsbruderschaft zugelassen. Vor allem lernte ich aber, dass eine bloße Mitgliedschaft einer Kirche, einer Bruderschaft, eines Vereins, einer Partei etwas Äußerliches bleibt, wenn nicht eine tiefe Verbindung und Verbindlichkeit dazukommt.

In den letzten Jahren seines Lebens trat ich immer enger in den Kreis, der Peter Heidrich begleiten und mit helfender Tat nahe sein durfte. Auf vielen Reisen privat oder auch auf Vortragsreisen trug ich seinen Koffer. Oft gingen wir in erlesene Gaststuben essen und köpften dabei auch eine gute Flasche Rotwein. Mit Peter Heidrich essen zu gehen, war immer mehr als ein kulinarisches Vergnügen, das war es allemal, es war auch immer im besten Sinne gute Unterhaltung. Über Essen und Trinken hat er übrigens auch eine Vorlesungsreihe gehalten: «Essen und Trinken ist mehr als Essen und Trinken».

Drei Jahrgänge, drei Männer, die durch ihre Weisheit mein Leben reicher gemacht haben. Nicht immer hat das Wort «Weisheit» diesen eigentümlichen Rang gehabt. Im Mittelalter hatte dieses Wort einen noch viel umfassenderen Sinn. Damals wurden die Gedanken Gottes selbst und die Einsicht in seine Geheimnisse, die Erforschung der Welt, die praktische Klugheit, die zuchtvolle Haltung, selbst die handwerkliche Tüchtigkeit, also all das, was wir heute als Bildung, Kultur oder als Takt bezeichnen, bis hin zum geistreichen Witz als eine sinnvolle und lebendige Einheit zusammengeschaut, und dieses Ineinander von Einsicht, Wissen, Kultur, Bildung und Tüchtigkeit nannte man «Weisheit». Ja, Landesrabbiner William Wolff, Landesbischof Dr. Heinrich Rathke und Prof. Dr. Peter Heidrich waren weise Männer auf meinem Weg – vielleicht färbt ja etwas von ihnen auf mich ab.

DAS JAHR 2010

Ostern 2010 beendete ich meinen priesterlichen Dienst in Ludwigslust, es hatte dort nicht richtig hingehauen. Vielleicht war ich zur falschen Zeit am falschen Ort – das soll vorkommen. Diese Zeit war für mich persönlich eine Zeit der Krise. Eine nächste konkrete Aufgabe war noch nicht in Sicht, so nahm ich mir eine Auszeit im Kloster St. Martin in Beuron, eine Zeit zum Atemholen, zum Nachdenken und Reflektieren. Und mitten während dieses Aufenthaltes im Kloster entdeckte ich ein Buch von Nina Hagen: «Bekenntnisse». Ihre Autobiographie ist wie ihre Musik: aufregend, provozierend und rückhaltlos authentisch. Sie schreibt von ihrer Kindheit in Ostberlin, ihrem Ziehvater Wolf Biermann und wie sie den Punk in London für sich entdeckt. Ihre Geschichte ist ein wildes Roadmovie, in dem sie Liebe, Drogen und Einsamkeit kennenlernt. Es ist aber auch eine spirituelle Suche, deren aufregendste Erfahrung nicht im Exzess und Rock'n'Roll liegt, sondern in ihrer Begegnung mit Gott. Zu meiner großen Freude gab sie während meiner Klostertage ein Konzert in Stuttgart. Ich war durch die frische Lektüre ihres Buches emotional gut vorbereitet und eingestimmt. Wir lernten uns persönlich kennen. Das waren für mich runde Sachen, ihr Buch und danach die Begegnung mit ihr. Später trafen wir uns gelegentlich in einer Bar am Hamburger Fischmarkt, der «Sicht-Bar», die ihre Tochter Cosma Shiva mit Freunden unterhielt. Auch Eva Maria Hagen war dort anzutreffen. Es war immer sehr erfrischend, die drei

Hagen-Frauen zu erleben. Nina sprach mich mit Bruder Karl an, aus ihrem Mund klang das nie ironisch.

Und dann erreichte mich im Kloster eine sehr interessante Nachricht: Die Pfarrstelle auf St. Pauli in Hamburg wurde frei. Mitten in meiner Krise und in der wohl größten beginnenden Krise der Kirche ein solcher Lichtblick!

«Vor Gericht und auf hoher See ist man in Gottes Hand», das große Schiff, die katholische Kirche, ist in schweres Fahrwasser geraten. Wie nie zuvor steht sie in der öffentlichen Kritik, und viele, darunter auch gläubige Menschen, gehen auf Distanz zu ihr. Es ist wohl die größte Krise seit der Reformation. Missbrauch in der Kirche, ein Skandal, der nicht endet, ganz im Gegenteil, je mehr Details ans Licht kommen, desto größer wird das Entsetzen. Die Vermutung, es handle sich um Einzelfälle, ist inzwischen zweifellos durch die MHG-Studie widerlegt. Diese Studie ist ein interdisziplinäres Forschungsprojekt zum Thema «Sexueller Missbrauch an Minderjährigen durch katholische Priester, Diakone und Ordensmänner im Bereich der Deutschen Bischofskonferenz». Am 25. September 2018 wurden die Forschungsergebnisse bei der Herbstvollversammlung der Deutschen Bischofskonferenz in Fulda vorgestellt. Allein zwei Zahlen lassen aufmerken und schockieren: Von 1946 bis 2014 registrierte die Studie 3677 Opfer von sexualisiertem Missbrauch an Kindern und Jugendlichen, und 1670 Täter haben vermutlich missbraucht. Beschuldigte sind Priester, Diakone und Ordensmänner. Die Studie geht davon aus, dass die Dunkelziffern vermutlich noch viel höher sind.

Sexualisierte Gewalt in der Kirche hat auch etwas mit Machtmissbrauch zutun, auch mit geistlichem Machtmissbrauch und insofern auch mit innerkirchlichen Strukturen. Es sind ja nicht irgendwelche Triebmonster, die aus dem Gebüsch springen und Kinder vergewaltigen, sondern sie tauchen aus dem sozialen Nahraum des Kindes auf. Zwischen Täter und Opfer besteht in der Regel eine Vertrauens- und Abhängigkeitsbeziehung. Normalerweise leben Priester primär gar nicht im sozialen Nahraum des Kindes, sondern sie treten gezielt in diesen ein, um sich dem Kind zunächst einmal vertraut zu machen und eine Abhängigkeitsbeziehung herzustellen. Oft stellt sich der Täter den Eltern als «netter Pfarrer» vor und sucht sich solche Kinder aus, die in irgendeiner Weise zuwendungsbedürftig sind, ein geringes Selbstbewusstsein haben und was das Geschlechtliche betrifft nicht aufgeklärt sind. Sexueller Missbrauch ist in der Regel eine Wiederholungs- und Eskalationstat. Der Täter wird erfahrungsgemäß nicht als Erstes eine sexuelle Handlung im engeren Sinne des Wortes vornehmen oder vom Kind verlangen, sondern sich dem Kind – oder dem Jugendlichen – zunächst wohlwollend und mit sozialer Kompetenz und Wärme nähern, es beschenken und privilegieren.

Gemeindearbeit und speziell Kinder- und Jugendarbeit ist immer auch Beziehungsarbeit. Ich habe stets darauf geachtet, dass zwischen mir und den mir Anvertrauten ein gesundes Verhältnis, eine Balance zwischen Nähe und Distanz besteht. Nie habe ich es als meine Aufgabe gesehen, Menschen an mich zu binden – ganz im Gegenteil: Heranwachsenden helfen, zu sich selbst zu finden, ihre eigene Identität und ihren eigenen Weg zu entdecken und gehen zu können und schließlich im eigentlichen Sinne erwachsen, selbstständig zu werden, sah ich als meinen vorrangigen Auftrag an – und dass dabei der Glaube und ein christliches Menschenbild dazugehören, war auch immer Teil meines Auftrages, wie ich ihn verstanden habe.

Der Missbrauchsskandal hat diesen Anspruch kirchlicher Arbeit nun vollständig pervertiert. Unzählige Kinder und Jugendliche sind zu Opfern geworden. Sie müssen in den Fokus der Aufmerksamkeit rücken. Es darf nicht länger darum gehen, wie Schaden von der Kirche abgewendet werden kann. Sie hat sich selbst unglaublich beschädigt, hat Vertrauen verloren. Entscheidend ist: Wie kann die Kirche dazu beitragen, dass den Opfern Gerechtigkeit widerfährt? Ich glaube, dazu wäre es zunächst sehr hilfreich, wenn wir auf unsere Sprache achten. Wenn wir uns mit einem so belastenden Thema wie dem sexuellen Missbrauch beschäftigen, so taucht gleich die Frage auf, wie man dem innerlich standhalten kann. Auf diese Frage habe ich keine Antwort.

Sicher scheint mir aber, dass wir lernen müssen, eine klare Sprache bezüglich der Begriffe und Phänomene zu wählen, um die es hier geht. Ganz verschiedene Begriffe oder Tatbestände werden teilweise in der öffentlichen Debatte gezielt oder beliebig gebraucht, miteinander verbunden und in Zusammenhänge gebracht: sexualisierte Gewalt, Pädophilie mal als Krankheit, mal als Verbrechen, Grenzüberschreitungen, Übergriffe, Machtmissbräuche, geistlicher (Macht-)Missbrauch, Klerikalismus, katholische Sexuallehre, Zölibat, innerkirchliche Strukturen, Reformen und nicht zu vergessen die Rolle der Frauen in der Kirche et cetera. Viele berechtigte und aktuelle Themen werden vermischt; irgendwie hat immer alles mit allem zu tun. Es ist nicht hilfreich, wenn alle diese Begriffe oder Tatbestände in einem Topf geworfen und manchmal Kausalitäten hergestellt werden, die es so nicht gibt. Eine klare Sprache uns selbst gegenüber und auch anderen Beteiligten gegenüber ist eine gute Voraussetzung dafür, eine klare Sicht zu behalten. Dazu gehört auch eine Klärung der Begriffe oder Sachverhalte. Ich bin kein Experte, kann und will dieses Thema aber auch nicht umschiffen.

Nur dieses will ich anmerken: Aus meiner Sicht ergibt sich eine Schwierigkeit, wenn Pädophilie als Krankheit definiert wird (die WHO erkennt Pädophilie als Krankheit an), denn niemand wünscht oder wählt sich eine solche Krankheit und kann also schlechterdings dafür verantwortlich gemacht werden, dass er sie hat. Eine ganz andere Sache ist der Umgang mit ihr. Schütze ich mich und andere davor? Sorge ich dafür, dass mein Arbeitsumfeld so gestaltet wird, dass ich nicht in «Versuchung» gerate und für andere zur Gefahr werde? Spreche ich mit meinem sozialen Umfeld über meine Krankheit, über die Gefährdung, die von mir für andere ausgehen kann? Oder gebe ich meiner Neigung nach und gebe ihr Raum? Gehe ich sogar strategisch vor, um an Kinder und Jugendliche ranzukommen? Sexueller Missbrauch ist ein Verbrechen, eine Straftat gegen die sexuelle Selbstbestimmung von Minderjährigen. Sexuelle Handlungen von Erwachsenen an oder mit Kindern und Jugendlichen sind immer strafbar, auch wenn sich Minderjährige scheinbar damit einverstanden gezeigt haben. Durch den Missbrauch wird die körperliche und seelische Entwicklung der Minderjährigen massiv und oft nachhaltig gefährdet und gestört. Jeder erwachsene Mensch trägt für seine Taten Verantwortung und kann sich nicht etwa darauf berufen, dass sie «krankhaft» bedingt seien – genauso wie jemand, der unter Kleptomanie «leidet», bei jedem erneuten Diebstahl eine Straftat begeht, für die er haften muss.

Sexueller Missbrauch oder sexualisierte Gewalt sind gesamtgesellschaftliche Probleme. Die Täter kommen aus allen Milieus unserer Gesellschaft und betreffen Familien, Schulen, Sportvereine, Campingplätze und eben auch Kirchen und kirchliche Einrichtungen.

Speziell aber für kirchliche Mitarbeiter, insbesondere für Geistliche, sage ich: Wer sich persönlich entscheidet, seiner «krankhaften» Neigung Raum zu geben, statt auf therapeutische oder andere Vorbeugung zu setzen, hat vom Evangelium nicht viel verstanden, der pervertiert geradezu die jesuanische Botschaft: «Lasst die Kinder zu mir kommen» (Mk 10, 13 ff.), und macht die Gerufenen zu Opfern. Ich nenne das ein Verbrechen! Und genau deswegen muss bei nachgewiesener Tat die grundsätzliche Eignung als Geistlicher in Frage gestellt werden, da sind disziplinarische Maßnahmen wie zum Beispiel eine Versetzung nicht ausreichend. Und ich stelle hier auch klar, dass sexualisierte Gewalt, zumal wenn sie von Geistlichen ausgeht, eben nicht nur «krankhaft» bedingt ist, sondern allzu oft auch ein unreflektierter, unbewältigter Umgang mit der eigenen Sexualität.

Von daher begrüße ich sehr die Präventionsarbeit in der katholischen Kirche in Deutschland seit 2010, sie wird immer professioneller. Was indes die Aufarbeitung angeht, ist ganz sicher noch sehr viel Luft nach oben; sie verlangt viel Mut, Ehrlichkeit und Transparenz und nötigenfalls auch Konsequenzen. In diesem Zusammenhang hat sich eine Sprachverwirrung eingeschlichen. Bischöfe oder andere Personen aus den Bistumsleitungen sollen Verantwortung übernehmen, so heißt es, und die meisten denken dabei an Rücktritte. Nach der Veröffentlichung der Studie zum sexuellen Missbrauch im Erzbistum

Köln hat es auch solche Rücktrittsangebote mehrerer Bischöfe gegeben.

Wenn aber jemand von seinem Amt zurücktritt, dann geschieht exakt das Gegenteil von Verantwortungsübernahme, denn er gibt sie ab. Das gilt ja auch für andere Bereiche unserer Gesellschaft. Einem Trainer, einem Politiker, der «freiwillig» zurücktritt oder dazu genötigt wird, dem wird Verantwortung entzogen, er übernimmt keine. Oder wenn etwa Spitzenmanager aus der Wirtschaft wegen ihres Missmanagements gehen müssen und sich mit einem «goldenen Handschlag» verabschieden, haben sie lediglich für ihren Lebensunterhalt ausgesorgt, aber mit Verantwortungsübernahme hat das nichts zu tun. Verantwortung übernimmt eher einer, der im Unternehmen bleibt und konstruktiv an der Aufarbeitung einer entstandenen Misere mitarbeitet und um Wiedergutmachung bemüht ist.

Wenn also ein Verantwortlicher in seiner Position nicht mehr tragbar ist, dann muss er gehen, das heißt im Klartext: Er muss die Konsequenzen ziehen und tragen, damit ein anderer an seiner statt Verantwortung übernehmen kann.

Jegliche Aufarbeitung in Sachen sexuellen Missbrauchs, um es noch einmal unmissverständlich zu sagen, kann nur glaubwürdig gelingen, wenn das Wohl der Opfer im Vordergrund steht und nicht das Wohl der Kirche und ihrer Repräsentanten. Ich wünsche uns allen in der Kirche solche Schritte, denn Kirche sind nicht nur Bischöfe, Kirche sind wir alle – Geistliche und Laien, alle, die getauft sind und sich Christen nennen.

Und während ich über dieses schwierige Thema schreibe und nachdenke, verbreitet sich eben die Nachricht, dass die römische Glaubenskongregation im Vatikan entschieden hat: Katholische Geistliche dürfen und können homosexuelle Paare nicht segnen. Ach du meine Güte! Da beginnt in Deutschland ein Prozess der Erneuerung der Kirche, eine fast entnervte Öffentlichkeit erwartet die Veröffentlichung eines brisanten Gutachtens in Köln, und die «Zentrale in Rom» grätscht mit einer solchen Anweisung dazwischen. Ich empfinde das als eine Zumutung, und es macht mich sehr traurig. Die Kirche begründet das mit ihrer Lehrtradition. Wie steht es mit der «Verheutigung» der katholischen Lehre? Wie lebensnah ist sie noch? Ich wünschte mir einen Dialogprozess, der all die drängenden Fragen aufnimmt und biblisch-theologisch neu bewertet. Und ich stelle hier laut die Frage: Wer gefährdet eigentlich die immer wieder beschworene Einheit der Kirche? Eine Bischofskonferenz, die die Impulse des amtierenden Papstes zur Erneuerung der Kirche aufnimmt und konkret in einem sehr transparenten Prozess (Synodaler Weg) bearbeitet, oder eine römische Kongregation, die an einer Lehre festhält, ohne die im Zeitkontext gestellten Fragen zu berücksichtigen? Mich irritiert besonders, dass es sich hier um einen Segen handelt, und nicht etwa um das Verständnis des Ehesakramentes. Ich segne hier auf dem Kiez auch Häuser, Kneipen und Einrichtungen (Tiere habe ich noch nicht gesegnet wie anderswo wohl geschehen). Wie kann ich das Segnen verweigern, wenn Menschen mich darum bitten – zumal, wenn es gläubige Katholiken sind? Ich selber lebe aus dem Segen und möchte auf dem Kiez auch ein Segen sein für andere. Segen, so habe ich es bislang verstanden, ist ein Geschenk Gottes an uns Menschen, nicht ein «gnädiges» Geschenk der Kirche. Keiner muss sich den Segen Gottes «verdienen». Und deshalb: Segnen ist mein Job!

Die Reaktionen auf dieses römische Schreiben waren und sind heftig. Mit vielen Katholiken, darunter auch etlichen

Bischöfen, hoffe ich, dass in dieser und anderen Fragen das letzte Wort noch nicht gesprochen wurde. Ich habe bereits angemerkt: Die lebendige Sprache ist ein wesentliches Element der Mit-Teilung. Kirchenlehre stößt auf Wirklichkeit, und ich glaube, dass die Sprache der Kirche nicht mehr verstanden wird.

Der Satz «Ecclesia semper reformanda» (die Kirche muss ständig reformiert werden) hat seine Gültigkeit nicht verloren, er ist aktuell, heute mehr denn je. Damit stelle ich die Lehre der Kirche keinesfalls in Frage, aber sie muss doch ins Heute auf einer biblisch-theologischen Grundlage neu gedacht und in Teilen eben auch neu formuliert werden.

Der Mann aus Rom, Papst Franziskus, hat uns durch viele Äußerungen und Gesten Mut gemacht. Er hat Barmherzigkeit und die Erneuerung der Kirche zu den Hauptwörtern seines Pontifikats erhoben. Warum winkt er ein solches Schreiben gerade jetzt durch? Für die einen ist dieses römische Schreiben ein willkommener Anlass zum Spott, und für viele, die sich durch Papst Franziskus ermutigt fühlten, neue Wege zu wagen, bedeutet es Ernüchterung und Enttäuschung. Ist die Kirche überhaupt reformfähig? Viele fürchten und befürchten, dass am Ende des «Synodalen Weges» die Antwort aus Rom heißen könnte: Es bleibt alles beim Alten, nichts darf und wird sich ändern, und diese Antwort dann wie schon so oft mit der Einheit der Kirche begründet wird. Es ist Zeit, die Einheit mit dem Mann aus Rom und dem Mann aus Nazareth in Übereinstimmung zu bringen! Denn Erneuerung der Kirche heißt ja in erster Linie Umkehr zu den Wurzeln der Kirche, zum Evangelium – dann ist uns ein neuer Frühling gewiss.

Aber nun kehre ich wieder zurück ins Jahr 2010: Im Mai wurde die Pfarrstelle St. Joseph Altona vakant. Sofort war ich elektrisiert. Natürlich assoziierte ich mit dieser Pfarrstelle St. Pauli, Kiez, Große Freiheit, Nachtleben.

Am 4. September wurde ich in St. Joseph auf der Großen Freiheit eingeführt. Ein herrlicher Altweibersommertag, kein übliches Hamburger Schietwetter, der FC St. Pauli war in die Erste Liga aufgestiegen, ein neuer Pfarrer wird eingeführt – die Stimmung war also gut. Aber da lag ein Schatten über diesem Tag. Die Neubesetzung wurde nötig, weil mein Vorgänger wegen sexuellen Missbrauchs an Jugendlichen fristlos in den Ruhestand versetzt worden war. Da war es wieder präsent, dieses unangenehme Thema des Jahres 2010. Ein Verantwortlicher der Bistumsleitung erläuterte am Beginn des Gottesdienstes noch einmal, warum dieser Pfarrerwechsel nun stattfinden müsse.

Nach dem Gottesdienst mein erster unabsichtlicher Fauxpas: Im großen Gemeindesaal fanden sich viele zum Empfang ein, Gemeindemitglieder aus den ehemaligen Gemeinden, in denen ich bereits Dienst tat, und aus den beiden Gemeindeteilen St. Theresien und St. Joseph, evangelische und katholische Kollegen, meine Eltern und Geschwister und Freunde natürlich. Ich stand auf der Bühne, klatschte in die Hände und sagte mit einer gewissen Begeisterung: «Kinder und Jugendliche mal aufstehen. Auf euch freue ich mich besonders!» Schon im Sprechen kam mir zum Bewusstsein, was ich da gerade ausspreche. Jedenfalls spürte ich deutlich, welche durchaus naheliegende Interpretationsmöglichkeit da in der Luft lag. Und natürlich wurde ich darauf angesprochen.

Eine Folge des sexuellen Missbrauchs in der Kirche ist eben

auch, dass eine gewisse Unbefangenheit im Umgang mit Kindern und Jugendlichen nicht mehr möglich ist. Undenkbar wäre heute die Art und Weise, wie unbefangen wir – Kinder, Jugendliche und Erwachsene – in den Siebziger- und Achtzigerjahren gerade auf Freizeiten miteinander umgingen, ohne jeden Hintergedanken. Wir müssen aufpassen, dass Heranwachsenden nicht ungewollt eine natürliche Zuwendung entzogen wird. Hier hat sich schon vor der Pandemie das Begegnen mit Abstand angedeutet.

Zur Pfarrei St. Joseph Altona gehören zwei Kitas und eine Stadtteilschule. Gut nachvollziehbar, dass die Pfarrei nach dem Bekanntwerden des sexuellen Missbrauchs durch ihren Pfarrer im Mai 2010 in einem Schockzustand war, der noch dadurch verstärkt wurde, dass ebendieser Pfarrer einen hohen spirituellen Anspruch erhob. Viele Familien sahen sich unter Druck gesetzt und verließen in seiner Amtszeit unsere Pfarrei, und bis in den Stadtteil hinein wurde diese strenge Art und Weise, den christlichen Glauben zu interpretieren, sehr kritisch kommuniziert. Gut zwei Jahre hatte ich damit zu tun, mit Kindern, Jugendlichen, Eltern, mit der Lehrerschaft in der Schule und den Erzieherinnen in den Kitas diesen Schock zu bearbeiten – ich scheue das Wort «Aufarbeitung». Mir war und ist sehr wohl bewusst, dass ich als Priester und somit als Repräsentant der katholischen Kirche mit in Haftung genommen werde. Ich war schlicht darauf angewiesen, dass mir von vielen Menschen ein Vertrauensvorschuss eingeräumt wurde – so war schließlich ein Neuanfang möglich, aber Wunden bleiben bis heute, sie schließen sich nur langsam –, und jedes Mal, wenn die Medien diesbezüglich ein aktuelles Versagen der Kirche melden, öffnen sich alte und neue Wunden.

Auch oder gerade deshalb muss ich mich selber immer wieder fragen: Warum bin ich (noch) Priester und somit Teil dieser Kirche? Die Antwort kann ich nur persönlich für mich geben.

- Weil ich unabhängig von dem Problem des Missbrauchs weiß, dass kein Mensch unfehlbar ist – auch ich selbstverständlich nicht. Ich weiß um meine Ecken und Kanten, um meine Schwächen, Defizite und Versäumnisse. Ich sitze eben auch im Glashaus und sollte deshalb nicht mit Steinen werfen.
- Weil ich keine überhöhte Vorstellung von Kirche habe. Kirche ist nicht nur «das Haus voll Glorie». Kirche ist und bleibt auch eine von Menschen geprägte Institution. Wir, ihr Bodenpersonal, gleichen einer Anhäufung persönlicher Schwächen, die nicht einander gesucht und erwählt haben, gleichzeitig aber sind wir eine universale Gemeinschaft, die aufgesucht, inspiriert und erwählt von einem anderen als uns selbst wurde. Wir, die wir an diesem Haus bauen, haben das Fundament nicht selber gelegt und werden diesen Bau auch nicht vollenden.
- Und weil ich die zweitausend Jahre Kirchengeschichte nicht auf Skandale reduzieren kann und will, weil ich die raue und manchmal auch unansehnliche Oberfläche, die Kirche bietet, nicht als die ganze Wirklichkeit ansehe.

Ein kühner Vergleich: 1779 schrieb der Hamburger Dichter Matthias Claudius das schöne Abendlied «Der Mond ist aufgegangen». Die großen Kirchenväter haben die Kirche oft mit dem Mond verglichen. Er empfängt sein Licht von der Sonne, also fremdes Licht. Er leuchtet, aber sein Licht ist nicht sein Licht, sondern Licht eines anderen. Man soll Symbole nicht überstrapazieren; ihr Kostbares besteht gerade in einer Bildlichkeit, die sich logischem Denken entzieht. Und dennoch lässt sich unser Bild weiterdenken, im Zeitalter der Mondfahrt lässt sich der Vergleich ausweiten. Im Gegenüber von physikalischem und symbolischem Denken kann das Spezifische unserer Situation auch vor der Wirklichkeit Kirche sichtbar werden. Der Mondfahrer beziehungsweise die Raumsonde entdeckt den Mond nur als Gestein, als Wüste, Sand, Gebirge, aber nicht als Licht. Und in der Tat: Er ist an sich und für sich nur dies, nur Wüste, Sand, Gestein. Und dennoch ist er, nicht in sich und aus sich, auch Licht und bleibt es auch im Zeitalter der Raumfahrt. Er ist das, was er nicht selber ist. Das andere, Nicht-Seinige, ist doch auch seine Wirklichkeit.

Es gibt eine Wahrheit der Physik, und es gibt eine Wahrheit der Poesie, deren eine die andere nicht aufhebt.

In der dritten Strophe sagt und fragt der Dichter:

«Seht ihr den Mond dort stehen?
Er ist nur halb zu sehen und ist doch rund und schön.
So sind wohl manche Sachen, die wir getrost belachen,
weil unsere Augen sie nicht sehn.»

Wie der Mond sein ganzes Licht von der Sonne empfängt, um es in die Nacht hineinstrahlen zu lassen, so liegt eben auch die Grundsendung der Kirche darin, das Licht der Christussonne in die Weltnacht der Menschen hineinstrahlen zu lassen und erleuchtende Hoffnung zu ermöglichen. Die Kirche hat sich damit zufriedenzugeben, Mond zu sein, und sie muss darauf verzichten, sich selbst stets sonnen zu wollen. Ja, die Kirche teilt ihr Schicksal mit dem Mond, er ist in der Tat nur manchmal «halb zu sehen». Dennoch wissen wir instinktiv, dass er rund und schön ist. Manchmal sehen wir auch nur die Hälfte dessen, was Kirche ist und sein könnte oder müsste, nämlich nur ihre unschöne und dunkle Oberfläche, ihre raue Außenseite, da ist leider kein Leuchten. Da sehen wir viel, was uns aufregt und uns zu bissiger Kritik anleitet – und oft so mit Recht. Der Missbrauch an Kindern und Jugendlichen und auch der Umgang mit Frauen gehört ganz unzweifelhaft dazu. Aber er ist keine Naturkatastrophe, er ist Menschenwerk und verhindert, dass wir kaum oder gar nicht die Innenseite von Kirche wahrnehmen können, sie bleibt uns verborgen. Bei einer solchen Wahrnehmung der Kirche halten wir es dann wie wohl mit «manchen Sachen», die wir deshalb «getrost belachen», «weil unsere Augen sie nicht sehn».

Das tiefste Geheimnis der Kirche (die bessere Hälfte des Mondes) – und nur dies wollte ich mit diesem kühnen Vergleich ausdrücken – habe ich eben nicht nur mit meinen leiblichen Augen, sondern mit dem Auge des Herzens, mit dem Auge des Glaubens geschaut und wahrgenommen. Und so misslich es scheint: Das war und ist meine Motivation, als Priester unterwegs zu sein, als Priester – so begrenzt es auch nur gehen kann – etwas vom Wesen der Kirche zum Leuchten zu bringen. Und deshalb habe ich im September 2010 zugestimmt, als katholischer Kiez-Pfarrer zwischen Rotlicht und Blaulicht meinen Dienst zu tun.

Ich vergleiche den Mond auch mit der Liebe: Entweder sie nimmt zu, oder sie nimmt ab, sie ist nie gleichbleibend, eben wie der Mond entweder zu- oder abnimmt.

Nun hatte das Jahr 2010 viele Seiten (genau 365), und keine war wie die andere. Eine Seite wurde im November in Potsdam aufgeschlagen. Dort fand die 62. Bambi-Verleihung in der Metropolis-Halle statt und wurde live von der ARD in meinem Wohnzimmer übertragen.

Für sein Lebenswerk erhielt Udo Lindenberg einen Bambi. Lebenswerk? Das hört sich irgendwie nach Vollendung an, nach Vergangenheit, nach Abschluss. Dabei hatte er wie kaum ein anderer gerade ein wunderbares Comeback hingelegt. Ja, in den Neunzigerjahren war es stiller um ihn geworden. Aber 2010 war er doch vital, kreativ und omnipotent am Start! Seine Touren füllten Stadien, seine Ausstellungen waren begehrt und die Rockliner-Fahrten stets ausverkauft.

Bis dato kannte ich Udo L. nicht persönlich, sondern wie sehr viele aus meiner Generation aus dem Radio oder Fernsehen – oder man hatte eine Schallplatte ergattern können. Er hatte ja nie bei uns auftreten dürfen, bis auf das eine Mal 1983 in Ostberlin in «Erichs Lampenladen» vor einem ausgesuchten FDJ-Publikum; seine wahren Fans mussten draußen bleiben. Vielleicht hatte unsere Bundeskanzlerin Dr. Angela Merkel das Glück, unter den Zuhörern sein zu dürfen, sie besaß ja ein Blauhemd? Man hatte Udo eine Tour versprochen, aber er ist eben nicht käuflich und prangerte nicht nur den Raketenschrott im Westen, sondern auch den im Osten an. Versprochen – gebrochen.

Für uns aus dem Osten war Udo L. eine wichtige Lichtgestalt aus dem Westen, obwohl dort die Sonne untergeht. Seine Lieder «Mädchen aus Ostberlin» oder «Sonderzug nach Pankow» waren mehr als Sonntagsreden einiger Politiker zur Wiedervereinigung, sie waren für uns Sympathieerklärung und

Protest zugleich. Mit seinen Liedern voller Leidenschaft und Sehnsucht hat er die Mauer mit eingerissen. Es ist kein Wunder, dass Udo im Osten bis heute mit seinen Fans eine besondere Beziehung pflegt, diese Beziehungspflege beruht absolut auf Gegenseitigkeit.

Seinen Bambi konnte er also nur als Ansporn verstehen. Er geht voran, schaut nach vorne. Nicht nach-denken, sondern vor-denken ist sein Ding. Diese Sicht nach vorne hat er wohl von einem seiner geistigen Väter geerbt: von Hermann Hesse. Und was wir seit dem 11. November 2010, jenem Moment von Udo L., erlebt haben, bestätigt nur dieses eine: «Hinterm Horizont geht's weiter» … «Ich mach mein Ding!» Erst sehr viel später kreuzten sich unsere Wege, davon später mehr.

2010 war für mich ein anstrengendes, aber letztlich ein gutes Jahr, denn jeder wird des Weges geführt, den er wählt. So kam ich an einem Ort, der es in sich hat, von dem ich heute sagen kann: Ich bin angekommen und an Bord gegangen als «erster Steuermann» – wie vor mir seit 1594 viele meiner Vorgänger.

Ich sage es lieber mit einem Gedicht von Joachim Ringelnatz:

Ameisen
In Hamburg lebten zwei Ameisen,
Die wollten nach Australien reisen.
Bei Altona auf der Chaussee,
Da taten ihnen die Beine weh,
Und da verzichteten sie weise
Dann auf den letzten Teil der Reise.

Auch ich verzichte weise auf den letzten Teil meiner priesterlichen Reise. Ich bin angekommen, in Altona, auf St. Pauli, in der Gemeinde St. Joseph auf der Großen Freiheit, als Kiezpfarrer.

Das Schiff St. Joseph, das sich Gemeinde nennt, fährt durch das Meer der Zeit ... das Schiff, es fährt vom Sturm bedroht durch Angst, Not und Gefahr, Verzweiflung, Hoffnung, Kampf und Sieg, so fährt es Jahr um Jahr – seit eben 1594, und seit 2010 bin ich der «Steuermann».

ST. JOSEPH AUF DER
GROSSEN FREIHEIT

Wenn ich die beiden akuten Herausforderungen der Gegenwart – den Klimawandel und die Corona-Pandemie – einmal außen vor lasse, dann prägen immer noch viele drängende Fragen unsere aktuelle gesellschaftliche Debatte: Wie gehen Mehrheiten mit Minderheiten um? Was bedeutet und beinhaltet Integration und Identität? Wie können wir uns als die eine Menschheitsfamilie in einer toleranten und offenen Gesellschaft verstehen? Wie sieht es in unserer Gesellschaft aus mit Teilhabe für alle? Und wie kann Respekt voreinander gelebt werden? Ein Blick in die Geschichte zeigt, dass das alte Menschheitsfragen sind.

Mein Blick geht zurück in unruhige Jahrhunderte, in die Zeit vor und nach der Reformation. Nicht Toleranz, Respekt oder Gleichberechtigung und schon gar nicht Demokratie waren damals entscheidende Kategorien dafür, wer wo der Platzhirsch war, sondern schlicht, wer jeweils wo die Mehrheit hatte. Wo Katholiken sie hatten, meistens im Süden, machten sie es auch geltend. Umgekehrt war es nach der Reformation besonders im nord- und mitteldeutschen Raum nicht anders. Und wenn mein Blick das Christentum kritisch unter die Lupe nimmt, muss man sagen, dass vom aggressiven Gegeneinander hin zum geduldeten Nebeneinander und schließlich bis zum bekennenden Miteinander ein langer und steiniger Weg zurückgelegt werden musste. Ökumene war damals ein Fremdwort! Zwischen den Konfessionen gab es wohl eher traurige Geschichten zu erzählen – bis zum «Westfälischen Frieden» 1648 sollte noch viel Zeit vergehen.

Heute, im Jahre 2021, arbeiten und leben wir selbstverständlich im Stadtgebiet St. Pauli ökumenisch sehr gut zusammen. Besonders zu den evangelischen Nachbargemeinden haben wir intensive Kontakte. Höhepunkt unseres Miteinanders ist ein ökumenischer Gottesdienst am Pfingstmontag im Wohlers Park, den wir seit ein paar Jahren mit über zehn Gemeinden feiern. Dazu gehören freikirchliche, evangelische, altkatholische, römisch-katholische Gemeinden sowie die Heilsarmee. Das war – wie erwähnt – vor ein paar Jahrhunderten überhaupt nicht denkbar, und was heißt vor ein paar Jahrhunderten: Die ökumenische Bewegung gibt es erst seit Anfang des 20. Jahrhunderts und hat sich seitdem Schritt für Schritt entwickelt.

Johannes Bugenhagen (1485–1558) war Reformator von Braunschweig, Hamburg, Lübeck sowie von Dänemark und Holstein. Nach der «Bugenhagenschen Kirchenverfassung» von 1529 war es katholischen Christen nicht möglich, im damaligen Stadtgebiet von Hamburg ihren Glauben zu bekennen und zu leben, Gottesdienste oder Prozessionen waren verboten. Deshalb wich eine Handvoll Katholiken um den Florentiner Kaufmann Alexander della Rocca vor die Tore der Stadt nach Altona aus, um in einem Privathaus Gottesdienste zu feiern. Am 1. Juli 1594 gab Graf Adolf von der Schauenburg den Katholiken für ihre Gottesdienste in Altona eine schriftliche Zusage, ein zunächst auf drei Jahre befristetes Religionsprivilegium. Das war die offizielle Geburtsstunde unserer Gemeinde St. Joseph auf der Großen Freiheit. Im Schutz dieses Ver-

Udo und ich vor dem Beichtstuhl in St. Joseph

Auf der Großen Freiheit

Der Bulle, der Pfaffe und der Lude

Mit meiner
Nachbarin
Olivia Jones

Mit der Punklady
Nina Hagen

Prior Alois aus Taizé/Frankreich

Rabbi Wolff und ich

Ungewöhnliche Kiezgänge

Der barocke Innenraum
von St. Joseph

Vater und Söhne

Rabbi Wolff und ich
im Taxi durch London

Pietà von Thomas
Jastram am Eingang der
Krypta von St. Joseph

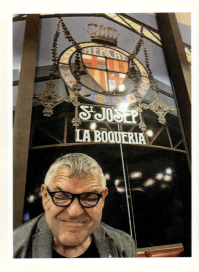

Mein Stammplatz in der «Sünde»

Nicht böse, sondern ratlos

Udo und ich
in der Panik City

Segnung der
Davidwache auf
der Reeperbahn

Otto und ich
verbessern
die Welt

sprechens konnte sie sich sammeln und bilden und bis heute, nahezu vierhundert Jahre danach – hart an der Grenze zu Alt-Hamburg –, ein Ort des Glaubens sein. Wenn wir in den weiten Raum des 1995 neu errichteten Erzbistums Hamburg schauen, dazu gehören Mecklenburg, Schleswig-Holstein und die Freie und Hansestadt Hamburg, dürfen wir uns «Urzelle» des katholischen Glaubens in der nachreformatorischen Zeit nennen.

Als der letzte Schaumburger Graf Otto IX. 1640 starb, ging das Gebiet an den Herzog zu Schleswig und Holstein, Friedrich III., der zugleich König zu Dänemark war und 1658 das Religionsprivilegium erneuerte. Diese Urkunde von 1658 ist noch erhalten und in der jetzigen Krypta zu besichtigen.

Die «Große Freiheit» erhielt ihren Namen durch die erwähnte Religionsfreiheit und durch die von Graf Ernst III. um 1601 gewährte Gewerbefreiheit, also die Befreiung vom Zunftzwang – Hamburg erhielt seine Gewerbefreiheit um 1865.

Etwa seit Mitte des 19. Jahrhunderts wurden einige Vergnügungsbetriebe auf der «Großen Freiheit» eröffnet. Die Nähe zum Hafen spielte da wohl eine gewisse Rolle, und bedingt durch seine explosionsartige Entwicklung erhöhte sich genauso schnell die Anzahl dieser Etablissements. 1833 wurde die Vorstadt «Hamburger Berg» in «St. Pauli-Vorstadt» unbenannt.

1718–1723 wurde dann die Kirche St. Joseph auf der Großen Freiheit erbaut. Im Laufe der Jahrhunderte musste sie wegen Zerstörung durch Brände oder Bombardierung im Zweiten Weltkrieg immer wieder neu und anders aufgebaut werden. Sie gilt aber als «Mutterkirche des Nordens», weil sie die erste war, die nach der Reformation in Nordeuropa entstand. Zuletzt wurde sie 2014 gründlich erneuert, und zugleich wurde eine sogenannte Krypta (Unterkirche) eingerichtet, die es so vorher nicht gab. Dies ist nicht nur für die Gemeinde, sondern auch für Hamburg eine Besonderheit, weil in der Krypta ein sogenanntes Beinhaus diesen Raum prägt.

Zur verständlichen Erläuterung für Touristen ist vor dem Beinhaus eine kleine Informationstafel mit dem folgenden Text angebracht:

«Memento mori. Während der Neugestaltungsmaßnahmen von 2011–2015 wurden Gebeine von rund 350 Menschen aus den ursprünglichen Grufträumen und dem ehemaligen Kirchhofsareal geborgen. In und um St. Joseph ist von 1678–1871 bestattet worden. Um diesen Verstorbenen wieder eine würdige letzte Ruhestätte zu geben, wurde auf eine alte christliche Tradition zurückgegriffen: die Errichtung eines Beinhauses. Bis ins 19. Jahrhundert war es vor allem in katholischen Regionen üblich, die Gebeine aus aufgelassenen Gräbern in sogenannten Ossarien zu bewahren. Mit der Zeit entwickelten sich diese Räume zu Orten, an denen man an die eigene Sterblichkeit erinnert wurde und den Kontakt zu den Ahnen pflegen konnte. Erst in unserer Zeit werden die Toten immer mehr aus der Welt der Lebenden gedrängt und der Tod zu einem Tabuthema.»

Ein kleiner historischer Ausflug, aber er macht deutlich, dass die Geschichte Altonas oder die von St. Pauli von Anfang an mit Einwanderung, Integration, Toleranz, Respekt, Teilhabe zu tun hatte – und dieser Geist schwebt bis heute über dem Kiez. Natürlich haben sich hier auch verschiedene Milieus gebildet und etabliert, die gegeneinander konkurrieren. Es gibt gar keinen Grund, den Kiez nur und ausschließlich unter dem Aspekt der Folklore zu sehen – doch dazu später mehr.

Das Religionsprivilegium war ein Akt der Toleranz, der besonders uns Katholiken galt. Er ist für unsere Gemeinde St. Joseph Altona Erbe und Verpflichtung zugleich.

DER MYTHOS ST. PAULI –
EIN KLISCHEE?

Gerne gebe ich zu, dass mich ein tolles Gefühl überkam, als ich 2010 von der frei gewordenen Pfarrstelle St. Joseph Altona hörte und sofort mein Interesse für diese Pfarrei signalisierte. Ich dachte an meinen Onkel Bernd, der mit einer Inbrunst Lieder von Hans Albers sang, wenn er einen gehoben hatte. «Kerle wie er sind ein Gottesgeschenk» sagte Friedrich Luft einmal über Hans Albers, und bis heute ist dieser raubeinig-herzliche Volksschauspieler nicht vergessen; ich dachte an die Reeperbahn und an die Große Freiheit, an den Film «Der Pfarrer von St. Pauli» mit Curd Jürgens und natürlich an die Beatles, die hier Musikgeschichte schrieben. Aber nicht nur Musikgeschichte. Eine kleine Archiv-Geschichte hat mit unserer St.-Joseph-Kirche zu tun. Angeblich lief gegen die Beatles ein Verfahren wegen Kirchenschändung, weshalb ihre Einreise 1966 schwierig wurde. Sie sollen von der Empore der St.-Joseph-Kirche gepinkelt haben. Vielleicht hatten sie vorher bei «Alfons & Gretel», das war sozusagen ihr Wohnzimmer, ein Bier zu viel getrunken. Star Club-Boss Manfred Weißleder schrieb am 22. Januar 1966 in dieser Angelegenheit einen Brief an den Oberstaatsanwalt. Der legendäre Brief ist leider verloren gegangen, das Antwortschreiben des Jugendstaatsanwaltes Rösch jedoch nicht. Es lautet: «Die zwischenzeitlich durchgeführten Ermittlungen haben ergeben, daß Herrn Pfarrer Mackels nicht bekannt ist, ob das kirchenschändliche Verhalten der Beatles den Tatsachen entspricht. Weitere Zeugen, die zur Aufklärung des Sachverhalts beitragen könnten, sind gegenwärtig nicht vorhanden. Eine endgültige Aufklärung ist daher erst nach einer Vernehmung der Beatles zur Sache zu erwarten. Unter den gegebenen Umständen belasse ich es bei der vorläufigen Einstellung des Verfahrens wegen Abwesenheit der Beschuldigten.»

Damit stand einer Einreise der Beatles nichts mehr im Wege, und am 26. Juni 1966 kehrten sie schließlich in die Stadt ihrer «angeblichen» Jugendsünden zurück – und wir haben eine kleine Story zu erzählen.

Ohne Erfahrungen, ohne Ortskenntnisse und ohne eine realistische Vorstellung davon, was mich hier erwarten würde, war ich – wie viele – von dem Mythos St. Pauli beeindruckt. Das ging so weit, dass ich für kurze Zeit meinen Taufnamen Karl *Hans Albert* aktivierte und zumindest eine gefühlte Nähe zu *Hans Albers* herstellte. Ein paar Tage vor meiner Einführung traf ich mich mit meinem Cousin Edgar Tittelbach alias Atschi; wir gingen zum Fischmarkt und bestellten uns bei der Verkäuferin im Kiosk ein Fischbrötchen. Ich konnte es nicht lassen, wichtig oder wenigstens lässig wirken zu wollen, und sagte: «Ich bin der neue Pfarrer von St. Pauli und komme jetzt öfter.» Darauf antwortete sie cool und trocken mit verrauchter Stimme: «Ich auch.» Ich bemerkte, dass diese Reaktion meinem Cousin ein stilles Vergnügen bereitete. Das war wohl meine erste Lektion: Sie sprechen hier sehr direkt, nicht verklausuliert, und sie sind schlagfertig. Überhaupt musste ich lernen, was Sprache auf dem Kiez bedeutet und auslösen kann. Dass die Bezeichnung «Hure» (ich kannte sie ja sogar aus der Bibel!) ehrenvoll ist, dagegen die Bezeichnung «Nutte» eine tiefe Beleidigung, auch das habe ich erst hier zu unterscheiden verstanden. Den sogenannten Kiezjargon kannte ich nicht. Er wird auch kaum noch gesprochen, ab und zu von Türstehern, Animateuren oder Kellnern. Atschi war im Prinzip mein Dolmetscher, er lebte bereits über ein Jahrzehnt auf dem Kiez. Er führte mich mit viel Humor hier ein und zeigte mir viele Ecken jenseits der Reeperbahn, verklickerte mir vieles und öffnete mich für eine reale Kiez-Wahrnehmung, nicht nur für einen Mythos. Als weitere Quelle entdeckte ich das Buch «Hamburgs ‹Nachtjargon› – die Sprache auf dem Kiez in St. Pauli» von Klaus Siewert, eine richtig gute und wertvolle Fundgrube! Und schließlich profitierte ich sehr von der Begegnung mit Jürgen Trost, einem Luden aus Gelsenkirchen, die später zu einer Freundschaft wurde – da höre ich eine Sprache «aus erster Hand».

Und besser als Klaus Siewert kann ich es nicht sagen: «Aber an dieser Stelle sollte man vielleicht mal sagen, dass die Arbeit an der Kiezsprache natürlich auch Rückkoppelungen zulässt auf die alten Verhältnisse auf dem Kiez, die sich keinesfalls erschöpfen in Sex, Betrug und Hurerei. Das ist also ein kleinbürgerliches Klischee, das nach meinen Erfahrungen so nicht zutrifft. Diese Welt ist viel interessanter und vielgestaltiger. Was zutrifft, ist der Mythos St. Pauli. Man steht ja staunend davor, vor diesem immer wieder bemerkenswertem Phänomen des Zusammenhaltens hier vor Ort, ob es nun um das Hafenkrankenhaus geht, das geschlossen worden ist, und die Proteste dagegen, oder aber die St. Paulianer am Millerntor. Wenn man sich nicht arrogant verhält und nicht herausfordernd, dann ist man hier in St. Pauli so sicher wie in Abrahams Schoß.»

Esso-Häuser, Flüchtlinge in der Gemeinde St. Pauli, G20-Gipfel und weitere Ereignisse bestätigen den Zusammenhalt auf dem Kiez in St. Pauli. Besonders war das 2020 spürbar, als es die ersten Schließungen wegen der Pandemie gab.

Das Herz von St. Pauli ist natürlich die Reeperbahn, aber St. Pauli kann nicht auf diese eine weltberühmte Straße reduziert werden und die Straße selbst nicht auf einen «vergangenen Mythos». Das festgelegte Image vom schmuddeligen Rotlichtquartier hat sich gewandelt. Für mich zeigt sich das besonders, wenn ich auf meinen Lieblingsabschnitt von den «Tanzenden Türmen» bis zur Davidwache unterwegs bin: Musicaltheater, Schmidttheater, Schmidts Tivoli, Panik City und «Alte Liebe» sowie das St. Pauli Theater belegen diesen Wandel.

KIRCHE DER OFFENEN TÜREN

Am Schluss meiner ersten Predigt in St. Joseph bezog ich ein Wort des hl. Augustinus auf meine Situation und sagte der Gemeinde: «Mit allen Menschen auf St. Pauli bin ich Bürger dieser Stadt, mit allen Getauften bin ich Christ, und für die katholische Pfarrei St. Joseph Altona bin ich Pfarrer und Seelsorger aller Katholiken.»

Bürger – Christ – Seelsorger, das war immer schon mein Amtsverständnis. Man kann nicht Pfarrer einer Gemeinde sein, ohne sich für den Ort zu interessieren, sich mit dem Ort zu verbinden, an dem man wohnt und lebt und arbeitet. Und weil dieser Ort maßgeblich der Kiez ist, gab ich mir selber den Titel «Kiezpfarrer»; das war zunächst eine Ortsbestimmung, aber im Lauf der Jahre wurde daraus auch eine inhaltliche Bestimmung. Natürlich bin ich zu allererst Pfarrer der Pfarrgemeinde St. Joseph, also zuständig für die Menschen in unserer Pfarrei mit den beiden Gemeindeteilen St. Joseph und St. Theresien. Den inneren Kreis der Gemeinde zu begleiten und zu stärken, ist immer eine Aufgabe eines Gemeindepfarrers. Aber zwischen «sich um die Gemeinde kümmern» und «sich um den eigenen Kreis» drehen, kann eine Gratwanderung sein. Kirche ist eben nicht nur für sich selbst da – Kirche für andere, so habe ich es von Heinrich Rathke in einer mehr oder weniger atheistischen Umgebung gelernt, und so schreibt es uns Papst Franziskus ins Stammbuch: «Geht auf die Straßen dieser Welt, geht zu den Menschen.»

Und daraus muss eine gewisse pastorale Ausrichtung, eine

Konzeption folgen. Gerne habe ich von den beiden Richtungen gesprochen: Gemeindeaufbau nach innen, Gemeindeauftrag nach außen. Viele Aufgaben eines Pfarrers in und für die Gemeinde sind mit anderen Gemeinden vergleichbar, so wie auch eine Gemeindestruktur mit anderen Gemeinden vergleichbar ist. Und dennoch hat jede Gemeinde ganz spezifische Herausforderungen, die eben oft ortsabhängig sind, ein ganz eigenes und unverwechselbares Gesicht – wie jeder Mensch sein eigenes und unverwechselbares Gesicht hat.

Die exponierte Lage der Kirche St. Joseph auf der Großen Freiheit ist geradezu ideal. Direkt an der Straße und doch durch den kleinen Innenhof vor der Kirche etwas diskret. Man entdeckt sie erst dann, wenn man vor ihr steht. Viele Kiezgänger, und das sind ja zumeist keine Hamburger, sind überrascht, denn an dieser Stelle hätten sie keine Kirche vermutet.

Auch ich war seinerzeit überrascht, als unser Regens (das ist der Ausbildungsleiter für werdende Priester) mit uns Seminaristen 2002 einen Kiezspaziergang machte; diese quirlige Atmosphäre sprach mich irgendwie an. Wie einst Gerhard Schröder am Gitter des Kanzleramts gerüttelt haben soll, sagte ich wohl damals auch: «Hier will ich rein», hier möchte ich wohl Pfarrer sein. Und ich erinnere meine Verwunderung, dass Kirche und Gelände den Eindruck vermittelten: «Hier ist nichts los, wegen Ruhetag geschlossen.»

Gerade am Wochenende flanieren hier unglaublich viele ältere und jüngere Frauen und Männer. Sie durchwandern die Nacht ohne ein genau definiertes Ziel, «sie amüsieren sich zu Tode» wie es Neil Postman in seinem gleichnamigen Buch beschreibt.

Viele Jahre verschwand die Kirche in der Dunkelheit des

Vorhofes. Das Gitter war zudem geschlossen. So wurde die Kirche so gut wie nicht wahrgenommen – sie lag halt im Dunkeln. Welch ein Sprach-Bild.

Die ersten Wochen verbrachte ich im Pfarrhaus auf der Großen Freiheit, das war mir sehr recht, denn diese Nähe, dieses Mittendrin tat meiner und unserer Wahrnehmung sehr gut. Zunächst beobachteten wir den Rhythmus der Straße: Am Donnerstag beginnt eine Dauerparty, sie baut sich zum Wochenende hin langsam auf, sie wird immer lauter, schriller, bunter, und es kommen immer mehr Menschen. In der Nacht vom Samstag zum Sonntag hat sie ihren Höhepunkt erreicht. Unvorstellbar, was dann losgeht. Oft denke ich an die Menschen, die dort tatsächlich wohnen und allzu oft um ihren Schlaf gebracht werden. Irgendwie haben sie sich durch ihr «Martyrium» schon den Himmel verdient. Dieses Treiben vor unserer Kirchentür wurde lange Zeit nur als Zumutung empfunden, zu wenig als Herausforderung. Und so begannen wir ab 2010 Schritt für Schritt eine Pastoral der offenen Türen zu entwickeln, und zwar hauptsächlich für die Nacht. Es ist deshalb wohl angemessen, ein paar Gedanken zur Nacht zu verschwenden, und wie könnte dies besser gelingen als mit einem wunderbaren Gedicht von Wolfgang Borchert:

In Hamburg
In Hamburg ist die Nacht
nicht wie in andern Städten,
die sanfte blaue Frau,
in Hamburg ist sie grau
und hält bei denen, die nicht beten,
im Regen Wacht.

*In Hamburg wohnt die Nacht
in allen Hafenschänken
und trägt die Röcke leicht,
sie kuppelt, spukt und schleicht,
wenn es auf schmalen Bänken
sich liebt und lacht.*

*In Hamburg kann die Nacht
nicht süße Melodien summen
mit Nachtigallentönen,
sie weiß, daß uns das Lied der Schiffssirenen,
die aus dem Hafen stadtwärtsbrummen
genauso selig macht.*

Es scheint also untrennbar und wohl auch umkehrbar zu dem Leben der Großstadt zu gehören, dass in ihr «die Nacht zum Tag» gemacht wurde. Eine Fülle von blendendem, künstlichem Licht durchdringt alles und macht es «gefühlt» heller als das am Tag scheinende Sonnenlicht. Grelle Lampen sperren die Straßen von dem nächtlichen Himmel ab und lassen kaum das bleiche Mondlicht – wie viel weniger den flimmernden Sternenglanz – zu den Menschen dringen. Der Mensch raubt der Nacht die Stunden. Überall und allenthalben tummelt man sich und macht erst recht «die Nacht zum Tag». So eilt der Mensch durch die Stunden der Nacht; Neugier und Körperlichkeit, Leidenschaft und Sehnsucht, Angst und Einsamkeit sind seine kleinen Geschwister. Und hier auf dem Kiez kann man das intensiver erleben als anderswo in Hamburg.

Um es klar zu sagen: Ich liebe dieses Nachtleben, diese Nachtstimmungen, obwohl ich weiß, dass sich die misshandelte Nacht irgendwann rächen könnte, nicht, dass sie den Tag zur Nacht machte, aber zu einer Dämmerung, in der das Leben grau und missfarben dahinschleicht, ohne die Frische des Morgens und ohne den Frieden des Abends. Und dennoch nehme ich das in Kauf, zahle diesen Preis und hoffe, eben nicht auf Dauer, sondern nur auf Zeit – wie das meiste in meinem Leben – diese «Nachtkultur» genießend auszuhalten, ohne nachhaltige Schäden zu erleiden.

ST. JOSEPH BY NIGHT

Kirche, und damit meine ich jetzt speziell die katholische Kirche, war auf dem Kiez zu unterschiedlichen Zeiten immer unterwegs und präsent.

Ich denke an den populären Pater Johannes Leppich SJ, der in den Fünfziger- und Sechzigerjahren Menschen in ganz Deutschland auf Straßen und Plätzen ansprach, auch hier bei uns in Hamburg auf St. Pauli. Heute würden wir viele dieser Menschen als «kirchenfern» bezeichnen. Damals verkündete er ihnen in einer neuen und packenden Sprache das Evangelium. Ich weiß nicht genau, ob sein Spitzname «Maschinengewehr Gottes» spöttisch oder wertschätzend gemeint war – oder vielleicht beides? Ich weiß nur aus Erzählungen, dass er auf einem Wagen stand – auf der Reeperbahn und auf der Großen Freiheit – und in einer Rhetorik, die uns heute fremd erscheinen mag, Menschen ansprach. Sein letztes Buch: «Christus auf der Reeperbahn» wurde in vier Sprachen übersetzt und in einer Auflage von über einer halben Million Exemplaren verlegt.

Ich denke an Albert Mackels, meinem Vorgänger, der als Pfarrer von 1953–1991 in St. Joseph tätig war und die Gemeinde sehr prägte. Ich denke an das kleine Schild, das er in die Mauer vor unserer Kirche auf der Großen Freiheit einließ: «Es gibt nichts, womit Jesus nicht fertig wird!» Dieses Schild in der Wand vor der Kirche ist für die Vorübergehenden und für die Eintretenden da: damit sie nicht vergessen, wer sie selber sind, was sie selber sein müssen vor Ihm. Und nicht nur vor

Ihm – auch vor anderen: bedürftig und angewiesen ... Das ist nicht nur meine Not, sondern auch meine Würde, mühselig und beladen zu sein. «Große Freiheit» – das ist nicht nur Folklore oder Vergnügen, hier tragen viele eine sichtbare und oft eine unsichtbare Last. Dieses Schild soll für sie alle ein Hoffnungszeichen sein.

Und ich denke eben auch daran, dass genau deswegen auf dem Kiez in ganz unterschiedlicher Weise und zu ganz unterschiedlichen Zeiten das stattgefunden hat, was wir gemeinhin mit Caritas bezeichnen. Die «Ali-Maus», eine Einrichtung, die sich in vielfältiger Weise um Wohnungslose kümmert, wurde unter anderem von den Thuiner Franziskanerinnen geleitet. Die Schwestern wohnten bei uns in St. Joseph. Alleine ihr Hin- und-her-Gehen im Habit von St. Joseph bis zur Ali-Maus in der Luise-Schröder-Straße war Bekenntnis und Verkündigung zugleich.

Ganz ähnlich empfinde ich es auch mit dem «Haus Bethlehem» in der Budapester Straße gegenüber vom Millerntor-Stadion, das auch von Ordensschwestern geleitet und getragen wird, von den «Schwestern der Nächstenliebe»; der Orden wurde einst von Mutter Teresa gegründet. Auch diese Schwestern kommen oft zu uns, oder ich bin bei ihnen im Haus zur Feier der hl. Messe. Seit Jahren organisiere ich jährlich einmal für die und mit den Schwestern und den Ehrenamtlichen des Hauses eine Ausfahrt ins Grüne, so wächst zwischen uns eine Verbundenheit der Herzen.

Und schließlich gibt es die «Teestube Sarah», deren Ehrenamtliche sich sozial um Sexarbeiterinnen kümmern. Ab und zu kommt eine Dame zu mir mit einer Plastiktüte und dem Wunsch, die Kerzen darin zu segnen.

Wir, die katholische Pfarrgemeinde St. Joseph Altona, schätzen und unterstützen diese und andere sozialen und karitativen Initiativen sehr. Wir haben ebenso gewusst, dass sie, Mutter Teresa, die Option für die Armen, Schwachen und Sterbenden stets mit dem Gebet zu Gott verbunden hat. Für sie waren es die Bettler, die Obdach- und Arbeitslosen, die Vereinsamten, Alten, Behinderten, die Drogenabhängigen und nicht zuletzt die Menschen in ihren Sterbehäusern; sie alle haben etwas vom Antlitz Jesu. Aber sie hat auch die Armut Europas gesehen, eine seelische Armut, welche in einer großen Gleichgültigkeit sichtbar wird, im Egoismus und im Konsumverhalten. Und sie hat beklagt, dass die Würde des Menschen in der nördlichen Erdhälfte immer wieder mit Füßen getreten werde.

Es gibt also eine sichtbare Armut, die wir sehen, und wenn wir nahe genug dran sind, auch riechen können, und es gibt eine unsichtbare Armut, die aber auch gen Himmel stinkt. Und es wäre falsch, eine Form gegen die andere ausspielen zu wollen, und genauso falsch wäre es, ein Angebot gegen das andere ausspielen zu wollen, das wäre dann armselig. Die Benediktiner wissen diese Spannweite des Lebens in «Ora et labora» (bete und arbeite) ausgedrückt, und in Taizé wissen die Brüder, die sich um viele Jugendliche mit inneren und äußeren Nöten kümmern, ihr Engagement zwischen «Kampf und Kontemplation» platziert.

«St. Joseph by Night» ist eine mögliche Antwort auf sichtbare oder unsichtbare Not.

«St. Joseph by Night» ist eine Option einer Gemeinde, die eben besonders nachts direkt vor der eigenen Haustür einen Trubel erfährt, in den sich eben auch viel Abgründiges, auch viel seelische Not hineinmischt.

«St. Joseph by Night» ist ein Beleg (nicht der einzige!), dass die Gemeinde ihre exponierte Lage als Herausforderung annimmt und sich bewusst als katholische Gemeinde inmitten einer bunten Stadtlandschaft versteht, der sie die Verkündigung der Frohen Botschaft schuldet. Sie weiß sich gesandt in eine Welt, die gerade in Altona mit ihrer Fremdheit gegenüber der christlichen Botschaft und speziell (nach 2010!) gegenüber der katholischen Kirche nicht geizt.

«St. Joseph by Night» ist konkret, nicht nur ein Gedankenspiel oder eine theoretische Beschreibung.

Oft öffnen wir das Gitter und die Tür zur Kirche am Samstag von 21 Uhr bis Mitternacht. Man kann dann von der Straße aus bis in den Altar schauen; dort steht die schwach angestrahlte Kreuzikone aus Taizé in ihrem kräftigen Rot, sie macht neugierig und wirkt einladend. Die meisten Kiezgänger gehen in diese Nacht hinein, um Party zu machen, und haben ganz bestimmt einen nächtlichen Kirchenbesuch nicht auf ihrem Zettel. Sie kommen vielleicht gerade aus einer Kneipe oder einem Klub, haben noch schnell einen «Feigling» getrunken und stehen nun da vor dieser geöffneten Kirche. Das ist der Augenblick, in dem sie entscheiden, weiterzugehen oder aber den Mut zu finden, die Kirche zu betreten. Auf der Schwelle vom Draußen zum Drinnen ereignet sich ja etwas, was nicht reflektiert, sondern eher instinktiv passiert – eine Unterscheidung. Ich trete ein in den Raum der Stille. Ich überschreite die Schwelle und lasse hinter mir, was mich eben noch in Beschlag nahm: Menschengedränge, Lärm, Getriebensein, vielleicht auch Flucht vor mir selbst, Sorgen und Unruhe, Unrast meiner Gedanken und Begierden, aber auch Partylaune, Ausgelassenheit und Freude am Dasein. Ich bin eingetreten in den

Raum einer sonderbaren Gegenwart. Ich bin da, ich komme zur Ruhe, zu mir selbst. Gewiss gibt es viele, die schnell ein Foto machen und dann weiterziehen. Andere suchen sich einen Platz und verharren, manchmal sehr lange. Viele sind von der ganz anderen Atmosphäre als der in der Kneipe oder in einem der vielen Klubs berührt. Sie spüren, dass sie jetzt einen besonderen Raum betreten, einen Raum der Stille – welch ein Gegensatz zum nächtlichen Kiez! –, einen Raum, der fast dazu zwingt, sich auf sich selbst einzulassen. Es sind meistens 300 bis 600 Menschen, die zu uns in die Kirche kommen. In dieser Nacht wird nicht gepredigt, das übernehmen die stummen Steine, die Bilder, Kreuze, Altäre – sie vermitteln das, was wir mit «Verkündigung» meinen. Es gibt eben auch eine nonverbale «Predigt». Musik gehört zu dieser «Sprache» in der Kirche, aber nie aus der Konserve, immer live! Ich bevorzuge Jazz- oder Gospelmusik oder auch Liedermacher, die ein für diesen Raum und für diese Nacht angemessenes Programm präsentieren. Und immer passend ist leise Orgelmusik. Gelegentlich werde ich von Kollegen gefragt, wie nachhaltig denn solche Aktionen sind. Aber was heißt in diesem Falle Nachhaltigkeit? Wer weiß denn schon, was in der einzelnen Seele nachklingt oder überhaupt zum Schwingen gebracht wird? Immer wieder erleben wir, dass Menschen von dieser Kirchenatmosphäre nicht nur angeregt oder angesprochen werden, sondern richtig überwältigt sind. Es kommt vor, dass sie Weinkrämpfe bekommen oder den Raum verlassen, aber nicht aus Protest, sondern vor Rührung, weil sie die Konfrontation mit sich selbst kaum aushalten können. Und allzu oft kommt es zu Gesprächen, zu Nachtgesprächen, wie wir sie aus dem Johannesevangelium kennen: Nikodemus kommt dort im Schutze der Dunkelheit zu Jesus und «spricht sich aus», spricht aus sich heraus, was ihn bewegt und belastet.

Wir wollen und können mit «St. Joseph by Night» keine Konkurrenz zu anderen Kiezangeboten und Veranstaltungen sein, erst recht wollen und können wir nicht andere Konzertformate kopieren – wir müssen und wollen inmitten der vielen bunten und oft lauten Konzepte ganz leise das unsrige finden und gestalten.

UDOS ZEHN GEBOTE UND DER BEGINN EINER FREUNDSCHAFT

Zur Offenheit und zu den vielfältigen Angeboten unserer Kirchengemeinde gehören auch Lesungen mit Schauspielern oder Ausstellungen.

Auf meinen Reeperbahn-Schlendergängen stand ich oft an einer quadratmetergroßen Steinplatte, die im Boden eingelassen wurde – der Stern für Udo Lindenberg, ein Geschenk der Stadt zu seinem 50. Geburtstag. «Ach, den müsste man doch persönlich kennenlernen …», dachte ich.

Und so ergab sich tatsächlich 2016 ein Kontakt zu und mit Udo Lindenberg. Er ist nicht nur ein legendärer Sänger, sondern auch ein begnadeter Maler vor dem Herrn. Udo ist nicht nur der Mann mit Hut, Sonnenbrille und Zigarre auf der Bühne, er ist auch der einsame Denker oder Vor-Denker, wie er sich nennt, und Grübler in seiner Panik-Zentrale, abseits von Show und Business. Um die Jahrhundertwende malte er einen Zyklus zu den Zehn Geboten. Das lässt aufhorchen! Ein Zeitgenosse, der schon mal sehr provokant zur Gottesfrage oder zur Kirche Stellung nimmt, sich selber als Atheist bezeichnet, aber auch zärtlich und poetisch biblisches Vokabular in den Mund nimmt, malt Bilder zu einem zentralen Thema der Bibel. Auch in seinen Liedern nimmt er immer wieder diese Spur auf: «Interview mit Gott» ist ein Beispiel, da stellt er Fragen an Gott, an die Kirche, eben an uns Christen, und er tut das sehr schonungslos. Auch ich fühle mich angespro chen und zuweilen peinlich berührt, denn er stellt viele Fragen zu Recht, oft direkt und manchmal angedeutet. Einer seiner legendären Ausstellungen gab er den bemerkenswerten Titel ZWISCHENTÖNE/NUANCES.

Oft werde ich gefragt, ob Udo religiös sei; gemeint ist wohl, ob er evangelisch oder katholisch sei. Meine Antwort: Vielleicht nicht religiös, eher spirituell, das ist weiter und offener. Da fällt mir mit einem Lächeln Heinrich Böll ein; in seinem Roman «Ansichten eines Clowns» lässt er den Clown sagen: «Am schlimmsten sind die Atheisten, sie reden viel von Gott.»

Udo ist ein Künstler, ein freier Geist. Seine Kunst gründet in der Freiheit, aus und von etwas zu leben, was größer ist als der Mensch und seine Erfahrung oder Vorstellung, darum auch größer als vorgestanzte Meinungen, festgelegte Lehren, Moralvorstellungen, religiöse Bräuche oder Traditionen und eben auch Institutionen wie Kirchen oder Parteien. Er kümmert sich herzlich wenig um Dogmen oder um bürgerliche Konventionen. Das heißt nicht, dass er sie nicht kennen würde – ganz im Gegenteil –, er setzt sich mit vielem auseinander, bildet sich seine Meinung und zeigt Haltung. Er reagiert auf das Leben, auf das, was Menschen bewegt und umtreibt: Erfolg und Niederlage, oben und unten, Zusammenbrüche und Aufbrüche, Freiheit und Abhängigkeit, Liebe, Leidenschaft und Hass, Toleranz und Engstirnigkeit, Solidarität, Frieden und Gerechtigkeit, Himmel und Erde, Leben und Tod – das sind seine Themen. Er bringt sie mit einer heiteren Leichtigkeit ins Wort und ins Bild. Er ist ein genialer Wort-Jongleur! Wie Bälle wirft er Wörter in die Luft, wirbelt sie durcheinander, fängt sie wieder auf, und dann kommen ganz eigene Wortkreationen und eben Lindenberg-Sätze heraus, wie sie kein anderer sagen kann. Sein

Sinn für Sprache, die wohl auch von Hermann Hesse inspiriert wurde, und sein Sinn für Humor nehmen nichts von der Tiefgründigkeit und dem Ernst seiner Themen. Als Prediger beeindruckt mich sein unverkennbarer kreativer Umgang mit Sprache immer wieder neu. Für seine «genuschelte Kultursprache» wurde Udo mehrfach ausgezeichnet und 2010 mit dem Grimme-Preis geehrt.

Und weil seine Botschaften lebensbejahend, lebensfroh und lebensnah sind, fühlen sich so viele Menschen davon angesprochen und tief berührt. Besonders glaubwürdig ist, dass er Dunkles nicht auslässt, er kennt Grenzen und Abgründe aus eigener Erfahrung. Seine Kunst zeigt sich in einer unermüdlichen Tapferkeit der Weltgestaltung, sie ist getragen von der Gewissheit einer Tiefe unseres Daseins, die allem Banalen und Seichten widerspricht.

In dieser Entschlossenheit und in dieser Überzeugung hat Udos Kunst als ein ewiger Protest vielleicht doch religiöse Züge. Ich würde sie eine «Religion für freie Geister» nennen; mit einer bestimmten Kirchlichkeit hat das nichts zu tun, sondern mit der Freiheit des Geistes. In einem Land der Bücherverbrennung weiß Udo L., dass diese Freiheit alles andere als selbstverständlich ist, und er weiß auch, dass nach der Bücherverbrennung Menschen verbrannt wurden. Deshalb steht er mit seinen Liedern und Bildern so sehr für diese Freiheit ein und hört nicht auf zu klagen, zu protestieren, zu fragen: Was ist Freiheit, und was bedeutet sie uns? Begreifen wir sie nur als die Abwesenheit von Furcht und von Zwängen, oder meint Freiheit nicht vielmehr auch, sich einzumischen, sich an gesellschaftlichen Prozessen zu beteiligen, eine eigene politische Stimme zu haben, um von anderen gehört, erkannt und schließlich erinnert zu werden? Und: Haben wir diese Freiheit einfach, oder wer gibt sie uns, und kann man sie uns auch wieder wegnehmen? Seine Stimme ist seit fünfzig Jahren eine Stimme der Mahnung und der Aufforderung: Denke selbst einmal darüber nach!

Und genau da bin ich wieder bei den Zehn Geboten. Udos Bilder sind gewissermaßen Übersetzungen wie seine Lieder. Dabei nehme ich dieses Bild des Übersetzens wörtlich und bildlich zugleich: «Der Fährmann setzt dich übern Fluss rüber. Ich spür, deine Kraft geht voll auf mich über.» Die Lieder «Stark wie zwei», «Ich zieh' meinen Hut», «Wenn du durchhängst», «Was hat die Zeit mit uns gemacht» und andere übersetzen Nähe und Trauer. Dabei bleibt Privates privat, und dennoch werden Themen wie Abbruch, Tod oder Trennung so übersetzt, dass viele ganz unmittelbar verstehen und emotional aufnehmen, was da im Lied besungen wird.

Als Künstler übersetzt Udo das Wort auf seine ganz eigene Weise durch Intuition und Charisma. Und Udo übersetzt gleichzeitig eine Stimmung, ein Gefühl.

Für uns Theologen ist das Übersetzen im weitesten Sinne ein Handwerk im Umgang mit Sprache und Sprachen. Übersetzen hilft uns, nicht bei uns selbst, beim Selbstgespräch zu bleiben. Übersetzen ist ein Gespräch, eine Mitteilung, ein Austausch und letztendlich ein Zugehen auf ein Du, ein über-setzen ans andere Ufer.

Und so sind Udos und meine Gedanken zu den Zehn Geboten jeweils unsere ganz eigenen Übersetzungen. Sie sind ein biblischer Schlüsseltext und für mich eine mögliche Antwort (natürlich nur ansatzweise!) auf Udos Fragen. Es geht um ein

Leben in der Gemeinschaft mit einem Gott, dem an der Freiheit und am Glück der Menschen liegt. Nicht Einengung, sondern Befreiung zu einem Leben in Fülle, zu Gemeinschaft und Solidarität, das ist die Botschaft der biblischen «Zehn Worte», die Udo neu ins Bild gebracht hat.

Er malt sie manchmal frech, manchmal witzig, oft provokant, und immer ist da ein Spiegel der Gesellschaft. Du stehst davor und denkst oder fragst unwillkürlich: Wie hältst du das mit deiner Freiheit und mit der Freiheit der anderen? Mit dem materiellen und geistigen Eigentum der anderen? Mit der Würde, mit dem Recht der anderen? Wie gehst du mit den Gütern der Erde um, mit dem Feiertag, und was trägst du zum Frieden bei? Man kann auch mit Worten oder mit Blicken töten. Und wie gehst du um mit deiner Schwäche, mit deiner Schuld? Wenn Kunst nur gefällig ist, kann sie auch leicht belanglos werden, sie soll anregen und darf auch aufregen, Reibung erzeugen.

Ich möchte einen Zusammenhang bedenken, der mir bei der Betrachtung von Udos Bildern kam. Sie sind zuweilen entlarvend, sie legen auch Schuldgefühle frei, das «schlechte Gewissen» meldet sich, und eigentlich stellt sich eine Erkenntnis ein: Ich bin meiner Verantwortung in vielen konkreten Situationen des Lebens nicht gerecht geworden, ich habe meine Freiheit wissentlich oder unwissentlich missbraucht. Insofern haben seine Bilder auch einen moralischen Anspruch, was keinesfalls einen moralisierenden Zeigefinger meint.

Freiheit ohne Schuld zu denken, ist daher wohl kaum möglich. Vielleicht müssen wir sogar sagen: Schuld ist der hohe Preis, den wir für die Freiheit zu zahlen haben. Für mich gehört dies zu den unvergänglichen Wahrheiten, die in der Paradiesgeschichte auf den ersten Seiten der Bibel angedeutet sind. Denn Freiheit hat eine Zwillingsschwester, die Verantwortung. Es gibt keine absolute Freiheit, es gibt sie nur in Verbindung mit Verantwortung; Freiheit ohne Verantwortung wird zur Willkür. Wo aber Verantwortung ist, da erwächst Schuld, nämlich das nie abzuweisende Bewusstsein, dass wir der Verantwortung, in der wir stehen, nicht gerecht geworden sind. «Unschuld» gibt es also nur als die nicht verwirklichte Möglichkeit der Freiheit. Ein Zustand vor dem Beginn der Menschengeschichte – das, was der biblische Mythos mit einem paradiesischen Urstand meint – ist uns im Grunde nicht vorstellbar, und nur in einem solchen vorgeschichtlichen Urstand könnte es Unschuld geben. Man kann wohl nicht von der Unschuld der Pflanzen und der Tiere sprechen, weil ihre «Natur» nicht mit Freiheit begabt ist und darum jene nicht verwirklichte Möglichkeit der Freiheit für sie gar nicht besteht. Verantwortung aber gibt es nur vor einer Instanz, von der wir angeredet sind und der wir nicht mit Worten, sondern mit unserem Sein zu antworten haben. Die Schuld wächst dem Menschen in dem Augenblick als Begleiter zu, in dem er – und nur er – in solcher Weise angeredet ist. Darum kann man von Schuld nur da sprechen, wo eine letzte Instanz im Blickfeld ist, vor der wir alle in einer unausweichlichen Weise verantwortlich sind. Ob wir für diese letzte Instanz das Wort «GOTT» gebrauchen oder ob wir das «Grundgesetz» für den letzten Maßstab ansehen, ist weniger wichtig als die Anerkennung einer solchen letzten Instanz als einem letzten Maßstab. Wahrscheinlich zitiert Udo deshalb gelegentlich das Grundgesetz.

Die berühmte «Verantwortung vor dem eigenen Ich» ist in Gefahr, zu einer inhaltlosen Phrase zu werden, weil ich für mich selbst nie eine solche letzte Instanz werden und sein kann. Darum steckt in der Aussage, Gott sei tot, immer auch der Versuch, Verantwortung und Schuld loszuwerden und den Menschen selbst zum Maß aller Dinge zu machen. Es ist und bleibt eine Binsenwahrheit, die nur all zu leicht übersehen und vergessen wird: Das Maß bedarf einer Norm, die nicht identisch ist mit dem, was gemessen werden soll.

Wer sich also wie Udo gegenüber dem hemmungslosen Freiheitsbedürfnis heutiger Menschen auf die «Zehn Worte» beziehen und sogar berufen wollte, riskiert verlacht oder auch bewusst oder unbewusst missverstanden zu werden. Es ist Mode geworden, jemanden bewusst misszuverstehen. Angesichts der lebenszerstörenden Tendenzen unserer Zeit macht Udo den Versuch, die «Zehn Worte» so zu verstehen und zu interpretieren, dass sie nicht als pure moralische Zwangsjacke empfunden werden, sondern lediglich als so etwas wie Grenzsteine einer größeren Freiheit. Sie wollen für uns keine Verbotstafeln sein, sondern Wegzeichen, Orientierungsmarken, Lebenshilfe. Sie sind Leitplanken für uns alle, die wir stets in der Gefahr sind, den «inneren» Kompass zu verlieren. Vielleicht sind seine Bilder auch nur ein Protest gegen Intoleranz, gegen Gewalt, gegen alles, was Leben bedroht oder in Frage stellt.

Im Januar/Februar 2017 konnten wir die Ausstellung realisieren. Maßgeblichen Anteil daran hat Manfred J. Besser, seit über zwanzig Jahren Udos Kurator und für Ausstellungen zuständig, und da er selbst malte, auch der richtige Mann für diesen Job. In Hamburg hatte Manfred mehrere eigene Ausstellungen meist unter dem Motto «Hafenstrich» gezeigt, und ganz nebenbei erfuhr ich, dass Manfred auch im eigentlichen Sinn Udos «Malermeister» war. Eine echte Freundschaft zwischen Manfred und mir entstand relativ spontan und fand ihren sehr schönen Ausdruck darin, dass wir uns monatlich einmal zum Essen trafen und das immer mehr war als nur Essen. 2020 kam mir die traurige Aufgabe zu, Manfred nach über einem Jahr Kampf gegen den Krebs mit seiner Familie und vielen Freunden zu Grabe zu tragen.

Die Ausstellung in St. Joseph stieß auch auf Widerstand. Wir teilen uns die Kirche mit der polnischen Mission. Einige polnische Gemeindemitglieder nahmen aus verschiedenen Gründen Anstoß: Einmal mussten wir in unserer Kirche den Kreuzweg, die vierzehn Bilder-Stationen, die den Weg Jesu zum Kreuz zeigen, abhängen, um genau an dieser Stelle die Zehn Gebote zu platzieren. Dieser Kreuzweg gehört zur Ausstattung einer jeden katholischen Kirche. In der vorösterlichen Fastenzeit wird in einer Andacht tatsächlich meditierend von Bild zu Bild gegangen. Aber die Ausstellung fand deutlich vor der Fastenzeit statt, und dennoch: Sie wurde von manchen als Sakrileg empfunden. Ich hingegen war der Meinung, dass wir Katholiken «irgendwie» auch etwas mit den Zehn Geboten zu tun hätten und dass sie selber ja auch so etwas wie einen «Kreuzweg» gegangen sind, weil man sie instrumentalisiert, umgedeutet, missachtet und ignoriert hat. Besonders das Bild zum sechsten Gebot erregte die Gemüter: Udo hatte ein Pärchen im «Adamskostüm» gemalt, etwas frech, obwohl ich persönlich andere Bilder viel provozierender fand. Die erzürnten Gemeindemitglieder verlangten von mir für diese «Missetat» eine Sühnemesse, ich willigte ein, aber nur unter der Voraussetzung, dass wir eine Pilgerfahrt nach Rom machten und uns dort einige Kirchen anschauten – dann hätten wir wirklich «das nackte Menschsein in seiner ganzen Pracht» gesehen.

Dahinter steht natürlich Tieferes. Das Auseinanderdriften von Sexualität und Zeugung neuen Lebens verdient es, näher betrachtet zu werden, um zu verstehen, was auf dem Spiel steht – jenseits der ewigen Diskussionen, die zugegebenermaßen oft auf die Themen «Zweck der Ehe», «Funktion der Sexualität» oder «Empfängnisverhütung» reduziert wurden. Letztendlich sind wir durch unsere körperliche Sexualität mit dem Ursprung des Lebens und der Schöpfung verbunden. In traditionellen Gesellschaften und auf besondere Weise in der Bibel ist alles, was mit dem Mysterium des Lebens verbunden ist, heilig und daher von größter Bedeutung. Wenn die Sexualität ihren Stellenwert in diesem Zusammenhang verliert, führt dies notwendigerweise zu ihrer Banalisierung. Früher oder später wird sich diese Entwicklung in einer Entwertung des Lebens selbst niederschlagen. Das Leben wird dann vom Ziel zu einem bloßen Mittel zum Zweck degradiert, welches auf verschiedenste Art manipuliert werden kann. Die Kirche muss diese ihre Haltung besser vermitteln und erklären und bestenfalls für sie werben, mit bloßen Vorschriften und Verboten wirkt sie «weltfremd» und wird schlicht nicht mehr verstanden.

Und dennoch waren über 5000 Menschen in St. Joseph, lernten die schöne Barockkirche kennen und setzten sich mit den Zehn Geboten auseinander. Und immer wieder war da ein Staunen darüber, dass Udo L. und unsere katholische Pfarrgemeinde sich auf ein gemeinsames Projekt verständigt und eingelassen hatten. Eine wesentliche Absicht von uns war, dass Menschen aus ganz unterschiedlichen Kontexten und mit ganz unterschiedlichen Einsichten und Meinungen miteinander ins Gespräch kommen. Dekalog – Dialog: die Zehn Gebote in der Philosophie, in der Bibel, in der Thora, im Koran, in der Kunst und als Wertegerüst in der Gesellschaft.

Und dann noch ein «Zufall»: In zwei Metropolen treffen zeitlich zwei Kunstprojekte zusammen. Mitten in einer gesellschaftlichen Debatte um die richtigen Werte gastierte das Deutsche Theater Berlin in Hamburg. Im Februar 2017 (noch während Udos Ausstellung bei uns lief) erhielt ich eine Einladung ins Thalia Theater. Vier Stunden lang wurden die Zehn Gebote in vielfältiger Weise interpretierend dargestellt – eine zeitgenössische Recherche von 15 Autorinnen und Autoren, neun Schauspielerinnen und Schauspielern und einem Schaf. Die Regie hatte Jette Steckel. Sie schreibt in einem Prospekt zu ihrem Theaterstück: «Ich halte es für sinnvoll und glaube, im Moment bleibt uns gar nichts anderes übrig, als zu diskutieren. Selber in Frage zu stellen, was andere an uns in Frage stellen, um herauszufinden, wo wir eigentlich stehen und ob wir uns mit dem, was die Gebote gebieten, eigentlich identifizieren können, dürfen und wollen.»

In Zeiten des Umbruchs, der Unsicherheit, der Orientierungssuche tauchen in der öffentlichen Auseinandersetzung die Zehn Gebote auf. Sind sie Provokation, Reibungsfläche, aus dem Bewusstsein verschwunden, oder fordern sie uns immer noch auf, eine Haltung zu finden? Unserer, also Udos und meiner Meinung nach, tragen die Zehn Gebote dazu bei, dass diese Welt ein Ort des Lebens bleibt, dass sie uns nachhaltig inspirieren, dass wir sie nicht als moralisches Dokument ins Bücherregal abschieben, dass sie uns mit der Nase in die Wirklichkeit stoßen – denn sie sind sozusagen ein Kindheitstext der Menschheit, einer ihrer stolzesten und würdigsten Texte mit einer langen Vorgeschichte und einer langen Nachgeschichte bis zu uns heute, geschändet und verherrlicht in unzähligen Menschenleben. Und vor allem meinen sie uns als Menschen mit Verantwortung. Gott will uns nicht als Untertanen seines Willens oder als Unterworfene eines Gesetzestextes, den wir einfach wörtlich zu erfüllen hätten. Sie sind gerade nicht so formuliert, dass sie für sich allein genommen Entscheidungen begründen dürfen, sondern der Entscheidungsprozess selber, die Offenheit und Klarheit des Gewissens, die Schule des Gebotenen im tatsächlich eigenen Leben, mein eigenes Geradestehen für meine Haltung – das ist der Ort, an dem ich und du Verantwortung übernehmen für das Gebotene und an dem dieses real wird und seine Lebensgestalt findet. Es ist heute besonders wichtig, die Zehn Gebote im Denken und im Alltag des Handelns zu verantworten. Wir sind nicht nur mit der Arroganz des Bösen konfrontiert, sondern auch mit einem merkwürdigen Achselzucken, was das Gute betrifft. Es herrscht in unserer Gegenwart, wie wir sie in Medien und Alltagserfahrung wahrnehmen, eine seltsame Unsicherheit und Unschlüssigkeit im Umgang mit Gut und Böse. Auf die besondere Bedeutung der sozialen Medien habe ich ja schon hingewiesen. Aber das enthebt uns nicht der Pflicht, uns selber zu entscheiden, selber Haltung zu gewinnen und der nachwachsenden Generation nicht allgemein-abstrakt, sondern persönlich-lebendig zu vermitteln, was nie selbstverständlich war und nie selbstverständlich sein wird. Das alles vermittelt Kunst, und deshalb ist es gut, wenn wir auch der Kunst unsere Türen öffnen.

Nach der Ausstellung im Hamburg im Jahr 2017 zogen die Bilder weiter nach Paderborn und im Mai 2018 nach Münster – ausgerechnet in diese beiden «schwarzen» Bistümer. Ein Spötter sagte mal: «Gott sprach, es werde Licht, und es ward Licht, nur in Paderborn und Münster, da blieb es finster.» Es war erstaunlich, wie gut sie gerade dort wahr- und aufgenommen wurde.

Besonders durch die gute Kooperation und mit großer Unterstützung des Deutschen Bonifatiuswerkes und mit einer sehr professionellen und persönlich engagierten Zusammenarbeit mit Manfred Besser konnten Udos Zehn Gebote einer breiten Öffentlichkeit präsentiert werden – mehrere tausend Menschen haben sie gesehen. In Verbindung mit dieser Ausstellung wurden auf ausdrücklichen Wunsch von Udo soziale Projekte unterstützt. Das zeigt auch eine Seite von Udo: Er singt und malt nicht nur seinen Protest in die Welt, er engagiert sich sozial für die Welt, und zwar sehr großzügig!

Diese Ausstellung seiner Zehn Gebote in unserer Kirche 2017 hatte für uns sehr angenehme Folgen; wir lernten uns kennen und schätzen. Und langsam wurde ich von der «Panik-Familie» adoptiert. Vor der Pandemie vertiefte sich unsere Beziehung ungemein.

Das Musical «Hinterm Horizont» über Udos Leben lief fünf Jahre lang in Berlin, feierte anschließend in Hamburg Premiere und wurde bis 2017 aufgeführt. Diese Gelegenheit nutzte ich, um mit einer Schülergruppe der katholischen Schule in Altona eine Show zu besuchen. Zwei Themen waren für die Jugendlichen interessant: vordergründig eine Liebesbeziehung unter schwierigen Umständen (Udo und der Osten!) und zum anderen geschichtliche Akzente der deutschen Teilung. Und ganz nebenbei lernten sie den Künstler Udo L. kennen und erfuhren, welche Bedeutung er für seine Fans im Osten hat und hatte – es war eben eine Liebesbeziehung und ist es noch heute.

Die Eröffnung und danach einige Veranstaltungen in der Panik City waren für mich immer wieder Anlass, Udo zu treffen. Dass er von Joseph Beuys zum Malen inspiriert wurde und die beiden Künstler eine vielschichtige Freundschaft und gemeinsame künstlerische, gesellschaftskritische und politische Ansichten verbanden, erfuhr ich in der Panik City und auch, wie zielstrebig und großzügig er sich mit seiner Stiftung für Afrika engagiert. Udos digitales Museum gehört für mich zu den Topattraktionen auf der Reeperbahn und zu den Adressen, die für einen Kiezwandel stehen.

Die Rockliner-Kreuzfahrt mit anschließender Panik-Tour von Mai bis Juli 2019 durch ganz Deutschland, die Ausstellungseröffnung «Zwischentöne/Nuances» in Leipzig oder die Filmpremiere von «Mach dein Ding» im Januar 2020 in Hamburg trugen dazu bei, dass unsere Beziehung eben nicht nur die eines Fans zu seinem Künstler ist, das ist sie ganz gewiss – wir haben uns auch darüber hinaus etwas zu sagen. Insofern gehöre ich nicht zur üblichen Entourage; unser Ding bleibt sehr individuell gefärbt.

Ich hatte die Gelegenheit, 2019 eine sehr intensive Zeit ganz unmittelbar mitzuerleben, die am Timmendorfer Strand vor der Tour beginnt. Dort probt Udo mit seinem Panikorchester, ungestört und abseits des gigantischen Showbusiness. Ich war sehr erstaunt, dass seine Proben von einer Art waren, wie ich sie von den großen Kantoreien in Schwerin und Rostock kannte: konzentriert-professionell.

Meine Anwesenheit hatte einen besonderen Grund. In seine Show baute Udo eine provozierende Nummer ein: die Hochzeit zweier Kardinäle. Damit wurden gleich mehrere Themen angesprochen: die «Ehe für alle», der Zölibat und überhaupt die Sexualmoral der katholischen Kirche, und auch Barrieren, die durch Fachbegriffe wie «Sakrament» entstehen. Meine Aufgabe war ausdrücklich nicht, die Message für Udo zu formulieren oder zu beeinflussen, und schon gar nicht, künstlerische Impulse zu geben – für die künstlerische Umsetzung seiner Message war der großartige österreichische Regisseur Hannes Rossacher zuständig. Meine Aufgabe war, Udo über einige Fragen Auskunft zu geben: Welches Eheverständnis hat die katholische Kirche? Was ist ein Sakrament? Wie begründet sie den Zölibat? Wie hält sie die Spannung aus zwischen Anspruch, Tradition und Wirklichkeit? Sind ihre Moralvorstellungen noch zeitgemäß? Ich war sehr überrascht, dass Udo sich für solche Themen interessiert und dass sein Interesse auch daher rührte, als Künstler eben nicht wie ein Blinder von der Farbe zu reden. Seine klare, distanzierte und kritische Haltung gegenüber der katholischen Kirche gerade im Blick auf solche spezifischen Themen veränderte sich durch unser Gespräch kaum. Udo lag sehr viel daran, keine religiösen Gefühle durch billige Polemik oder überflüssigen Klamauk zu verletzen, sondern vielmehr ein authentisches und politisches Statement abzugeben. Und was konnte besser sein, als mit jemandem darüber zu sprechen, der sich damit auskennt und als katholischer Priester Rede und Antwort stehen kann. Ich selber sah mich mal wieder als «Übersetzer», und mich erstaunte, wie detailbesessen Udo ist; er wollte alles genau wissen, bis zu den Dialogen zwischen Priester und Trau-Paar während einer Eheschließungszeremonie.

Die Freundschaft, die Udo und ich pflegen, basiert auf gegenseitiger Wertschätzung, auf Respekt voreinander. Udo unterscheidet Person und Institution strikt voneinander (wie so viele Menschen, mit denen ich außerhalb der Kirche zu tun habe!), aber das macht seine und unsere Unabhängigkeit und Souveränität aus.

Durch Udo L. ergeben sich dann auch schnell Kontakte zu denen, die drumherum und mittendrin sind. Steffi Stephan, ein Urgestein im Panikorchester, war einer der ersten, zu denen ich unmittelbar Kontakt bekam; seine offene und humorvolle Art machte es leicht. Er erzählte mir eine kurze Begebenheit, die er in den Sechzigerjahren auf der Reeperbahn erlebt hatte: Die Heilsarmee hatte auf musikalische Art missioniert, Passanten angesprochen und ihnen auch Flyer mit religiösen Inhalten in die Hand gedrückt – und mit eigens für die Heilsarmee formulierten zehn Geboten, daran konnte Steffi sich noch erinnern. Ich recherchierte und verstand sofort, warum er sich noch so gut erinnern konnte: Das 9. Gebot hieß «Du sollst den Solopart deines Nächsten nicht begehren!» Dieses Gebot berührt wohl auch humorvoll ein Thema im Panikorchester.

Unmittelbar nach den Proben am Timmendorfer Strand, die mit einem Konzert abgeschlossen wurden, begann die Rockliner-Kreuzfahrt: Kiel – Helsinki – Stockholm und wieder retour. Für mich war das überhaupt die erste Tour auf einem Kreuzfahrtschiff. Fünf Tage und fünf Nächte war ich mit an Bord, fünf Tage und fünf Nächte ohne Zeitgefühl, fünf Tage und fünf Nächte voller Adrenalin, fünf Tage und fünf Nächte Begegnungen mit vielen fremden Menschen – Tag und Nacht, weil auf dem Schiff alles nonstop geöffnet war. Ob in diversen

Bars oder auf Deck: überall entspannte Menschen. Fünf Tage und fünf Nächte inmitten einer großen Gemeinschaft, die sich «Panik-Familie» nennt und doch sehr heterogen zusammengesetzt ist. Kein Wunder, dass ich mich zwischendurch immer wieder fragte: «Was machst du hier eigentlich?» Diese Frage stellten sich ganz bestimmt auch viele andere: «Was macht **er** hier eigentlich, was hat **er** hier zu suchen?» Denn **er** fiel mit seinem Outfit in dieser Umgebung auf: Hut, Priesterhemd, leger gekleidet, mit Zigarillo im Mund und Rotweinglas in der Hand ... Ja, so wollte ich gesehen werden. Fünf Tage und fünf Nächte mittendrin im Trubel, und ab und zu zurückgezogen allein in der Kabine. Fünf Tage und fünf Nächte ohne wirklichen Plan, geschlafen wurde zwischendurch ein paar Stunden, wenn es nicht mehr anders ging; gegessen wurde, wenn sich Appetit einstellte, von Hunger mag ich nicht reden.

Fünf Tage und fünf Nächte im Gespräch mit interessanten Menschen oder im Schweigen und Nachdenken mit mir. Fünf Tage und fünf Nächte, die ich nicht vergessen werde. Nachhaltig sind einige Begegnungen, die mehr als nur Small Talk waren; es gibt natürlich auch flüchtige Begegnungen und Gespräche, die nur an der Oberfläche bleiben, Konversation im guten Sinne, aber eben auch viele Unterhaltungen mit Tiefgang. Manchmal sind solche Gespräche auch «Lebenshilfe» – ganz anders die Barnächte mit drei Frauen aus Frankfurt. Unser Austausch kreiste um die Themen «Gott und die Welt», und vielleicht lösten einige Runden Gin Tonic unsere Zungen und Herzen. Philosophieren im weitesten Sinne macht ja Spaß. Aber auch viele andere Begegnungen sind mir erinnerlich. Oft hatte ich den Eindruck, dass ein Gespräch vom Zuhören lebt. Als Hörender konnte ich das Vorurteil lassen, denn der andere teilte sich mit. Man muss manchmal mit der eigenen Antwort lange warten. Sich zurückzunehmen und damit den anderen Raum zu geben, ist ein respektvoller Akt. Das ist mir sehr wichtig, denn das schweigende Zuhören ist ja nicht Sprachlosigkeit oder Stummheit, sondern eine wachsame Aufmerksamkeit.

Während der Fahrt gaben Udo und seine Panik-Band drei Konzerte; mittendrin gibt es dann einen ganz speziellen, magischen Moment:

«Nimm dir das Leben
und lass es nicht mehr los
greif's dir mit beiden Händen
mach's wieder stark und groß ...»

Dann ist Carola Kretschmers Augenblick gekommen, ihr Auftritt, ihr Gitarrensolo, das uns wirklich unter die Haut geht, mindestens aber eine Gänsehaut produziert. Es ist wohl kein Zufall, dass gerade dieses Lied und Carola so unmittelbar zusammenkommen, und man hat das Gefühl: Da ist mehr als Rock-'n'-Roll auf der Bühne, da spielt eine Frau die Töne ihres Lebens, dieses Lied ist in ihre Seele gedrungen und hat sie aufgewühlt, sie ist ganz davon ergriffen. Die Welt um Carola herum scheint zu versinken, sie ist wie im Rausch – nein, so stark der Bann von innen her auch sein mag, all das muss jetzt herausgetönt, herausgespielt werden. Erstaunlich, wie hier die Sehnsucht nach dem ganz anderen, dem Ungeahnten, dem Spontanen, dem Unberechenbaren durchbricht. Carola zeigt durch ihre selbstvergessene Art zu spielen, dass auch in einer perfekt durchgeplanten Show die Unbekümmertheit, Improvisation und Begeisterung Raum hat. Jenseits der Bühne verzichtet Carola auf jegliche Künstlerallüren, das macht ihren Auftritt auf der Bühne umso glaubwürdiger. Ich glaube, dass unsere Gespräche genau dort unsere Basis hatten und haben; sie begannen auf dem Schiff und setzten sich in Hamburg fort.

Das schweigende Zuhören und das zurückgenommene Antworten verlangte zwischendurch nach Pausen. Wir hatten in diesen Tagen unglaubliches Glück mit dem Wetter. So saß ich ab und zu für eine längere Zeit in meiner Kabine und schaute auf das Wasser oder in den sternenklaren Himmel, aus dem silbern der Vollmond auf das Wasser schien und gespiegelt wurde. Diese besondere Atmosphäre ließ mich etwas runterkommen. Mit meinen Gedanken war ich bei Manfred Besser, der bereits gegen den Krebs tapfer kämpfte, bei allen, mit denen ich gerade gesprochen hatte, und bei mir, um dieses wahnsinnige Erlebnis zu verarbeiten.

Der Blick auf die Ostsee regte meine Gedanken an. Ich spürte, dass Wasser mehr ist als eine chemische Formel – See und Seele hängen eben nicht nur sprachlich zusammen. So waren meine Gedanke frei und im Fluss. Ein Gedicht, das ich morgens gegen vier schrieb, verrät ein wenig über meine Stimmungslage, die meine vielschichtigen Begegnungen an Bord und mit Udo widerspiegeln.

Nach diesen Tagen auf dem Rockliner schloss sich die eigentliche Tour an. Der Wahnsinn ging weiter. In Bremen, Hamburg und Dortmund war ich mit von der Partie. Dass Udo diese Anstrengung physisch wochen- und monatelang aus- und durchhielt, grenzt an ein Wunder – allerdings redet er oft davon, dass er dem «Club der Hundertjährigen» angehöre, vielleicht heimlich sogar vorstehe. «Wahn» ist also das Stichwort, und den muss man haben, um sich auf das alles einzulassen:

Panik-Gedicht 2019

Ich ziehe meine Bahn frei wie ein Vogel in der Luft
und lebendig wie ein Fisch im Wasser.
Ich ziehe meine Bahn, was für ein Wahn.

Konventionen, was man so machen und denken soll,
waren mir immer fremd und ein Groll,
dazu bin ich nicht geboren,
dann wäre ich längst verloren.

Ich singe mein Lied und sage mein Wort.
hier und dort,
und schere mich einen Dreck um das,
was andere denken, um mich zu lenken.
Ich ziehe meine Bahn, was für ein Wahn.
Seit Menschengedenken wollen Menschen lenken,
bestimmen und verbiegen und sind dabei
das Ganze zu versenken.
Da mach ich nicht mit, der Wahn hat mich gepackt,
ich ziehe voran bis ans Ende der Welt,
das ist mein Credo, das geb ich nicht auf,
ich bin nicht käuflich, erst recht nicht mit Geld.

Ich ziehe meine Bahn,
längst sind wir ein Schwarm,

*wir schwimmen durch die Lüfte, wir fliegen
durch die Meere,
im Kopf keine Schere,
und schwärmen uns ins Ziel,
das wenige ist viel.
Ob es kracht oder donnert,
wir sind am Start,
vielleicht mit großen oder kleinen Sorgen,
aber wir sehen ein Morgen.*

*Sei Fisch oder Vogel, sei Mensch.
Du musst dich entscheiden,
sonst entscheiden sie für dich.
Es gibt kein Dazwischen,
nur dies oder das,
du hast die Wahl, wenn auch mit Qual,
Wir ziehen unsere Bahn,
was für ein Wahn.*

EIN BULLE, EIN PFAFFE
UND EIN LUDE

Sehr ungewöhnlich, diese Reisegruppe, und dennoch für mich ganz selbstverständlich. Jürgen Reydt war vor seiner Pensionierung erster Kriminalhauptkommissar in Gelsenkirchen, also ein Polizeibeamter im gehobenen Dienst. Jürgen Trost ist Lebenskünstler und Kaufmann und Vermieter von Etablissements in Gelsenkirchen, also auch in gehobener Stellung und mit Überzeugung. Die Beziehung der beiden ist filmreif. Sie kennen sich seit vierzig Jahren. Gewissermaßen war Jürgen R. von Berufs wegen ein «Jäger» und Jürgen T. ein «Gejagter», nur dass Jürgen R. ihn nie kriegte. Jürgen T. ist ein Fuchs, immer etwas schneller als Jürgen R., frei nach Gorbatschow: «Wer zu spät kommt, den bestraft das Leben.» Erst nach seiner Pensionierung wurden sie Freunde, wie in einem Film. Mit Stolz legt Jürgen T. auf seine «weiße Weste» großen Wert, er war nie vorbestraft, in seinem Milieu einigermaßen einmalig. Diese Verbindung ist bemerkenswert. Und dann gesellt sich noch ein Priester dazu. In meiner Phantasie könnten wir drei die Hauptrollen in einem italienischen Mafiafilm spielen. Aber dieser Film wurde in Deutschland gedreht, und die Regisseurin war und ist das Leben, das wirkliche Leben, nichts ist fiktiv oder gestellt.

Timmendorfer Strand, Rockliner und Udos Stadientour 2019 – das waren die Orte, an denen wir uns erstmals begegneten und sofort etwas miteinander anfangen konnten, zur großen Überraschung vieler, die ihre Irritation mehr oder weniger hinter vorgehaltener Hand kommunizierten. Spontan war eine Sympathie für den jeweils anderen vorhanden. Rein äußerlich käme keiner auf die Idee, dass ausgerechnet Jürgen T. und ich etwas miteinander zu tun haben könnten; seine Erscheinung flößt erst einmal Respekt ein. Aber unsere Unabhängigkeiten gaben uns eine Souveränität, im anderen das menschliche Antlitz zu sehen und nicht durch eine moralisierende Schere im Kopf die Schublade des Vorurteils zu öffnen. Ich bin immer wieder bass erstaunt, wie viel Gemeinsames, wie viel Tiefes und Ehrliches zutage tritt, wenn man Vorurteile beiseitelässt.

So bemerkte ich schnell, dass dieser tätowierte Muskelprotz ein großes Herz hat. Als wir für unsere Krypta in St. Joseph eine Plastik von Thomas Jastram, einem begnadeten Bildhauer aus Hamburg, anfertigen ließen und diese auf Spendenbasis finanzierten, reihte er sich mit einer großzügigen Gabe ein. Diese Plastik hat eine berührende Geschichte. Eine liegende – tote – männliche Gestalt und eine stehende – trauernde – Frau, so die Bildformel, die der Hamburger Künstler für die Gedenkstätte in Torgau gefunden hat. In Torgau gibt es ein Gefängnis, vor dem politische Gefangene von den Nazis erschossen worden waren, und später waren zur DDR-Zeit wiederum in diesem Knast politische Gefangene inhaftiert. Thomas Jastram nennt seine Plastik «Mahnmal Pietà». Eine Frau beweint ihren Sohn. Vielleicht dachte Jürgen T. auch an die eigene Mutter und ahnte, dass auch sie viele Nächte durchgeweint haben könnte, weil der Sohn ganz eigenwillige Wege ging. Pietà: Wir Katholiken sehen den toten Leib Jesu im Schoß der Gottesmutter. Maria hüllt ihn in den Mantel ihrer Liebe. Stärker als der Tod ist die Liebe. Die Schmerzensmutter – Zuflucht der Menschen. In Not und Leid – Mutter des Trostes.

In einer langen Nacht in Leipzig, anlässlich der Udo-Lindenberg-Ausstellung am 5. September 2019, erzählte mir Exe, ein Mann aus Halle, dass auch er zu DDR-Zeiten aus politischen Gründen dort inhaftiert war und diese Plastik aus eigener Anschauung kannte. Exe ist ein passionierter Udo-Fan. Diese kleine Episode macht deutlich, wie sich ein Beziehungsgeflecht ergibt, wenn man offen und unvoreingenommen sich auf Menschen einlässt. An dieser Stelle muss ich Udo L. attestieren, dass er ein wahrer Netzwerker in dem Sinne ist, dass in seiner «Panik-Familie» viele soziale Beziehungen entstanden sind, die Menschen zueinanderstehen und füreinander einstehen lassen.

Am Palmsonntag 2020 rief mich Jürgen T. an und sagte mir: «Meine Mutter liegt im Sterben.» Ein paar Tage später war es dann geschehen. Mir war sofort klar, dass jetzt meine priesterliche und menschliche Nähe gebraucht und erwünscht war. Jürgens Mutter war eine gläubige Katholikin. Und so machte ich mich auf dem Weg nach Gelsenkirchen, um der Familie T. nahe zu sein und in aller Stille die Mutter zu beerdigen. Kaum dort angekommen, es war in der Zeit des ersten Lockdowns, kreuzte prompt ein Polizeiauto auf. Wahrscheinlich ging von irgendwelchen «besorgten» Nachbarn ein Hinweis ein: Da parkt vor dem Hause Trost ein Auto mit Hamburger Kennzeichen. Die Beamten erkundigten sich, was der Hamburger hier zu suchen hätte – «das ist ein Pastor, und der wird meine Mutter morgen beerdigen», antwortete Jürgen T., die Beamten zogen ihre Mützen, kondolierten und gingen alsbald von dannen.

Jürgen T. konnte nur noch hinterherrufen: «Meinetwegen seid ihr gekommen, meinetwegen könnt ihr auch wieder gehen», ein Spruch, den er von mir hat und in passenden Situationen zum Besten gibt.

Solche Stunden schmieden zusammen. Und so war es Jürgen T. ein Bedürfnis, mir als Zeichen des Dankes und der Verbundenheit eine Woche in Amsterdam zu ermöglichen. Mit Jürgen R. und Jürgen T. machte ich mich also auf die Reise und erlebte eine spannende, erfrischend wohltuende, interessante und intensive Woche. Die Fahrt begann so, dass wir erst einmal in einen Zug stiegen, der sich als der falsche erwies. So standen wir bald auf einem Bahnsteig im Regen; das hob spontan die Stimmung.

Ich war wirklich überrascht und fasziniert von der Schönheit und von der Geschichte dieser Stadt. «Gott hat die Welt gemacht, aber die Holländer die Niederlande», so geht eine alte Redewendung, und sie bringt den ganzen Stolz der Holländer zum Ausdruck. Die Geschichte des Landes geht nicht auf Eroberung zurück, sondern durch Rückgewinnung von der gierigen Nordsee. Amsterdam hat mich irgendwie auch an Hamburg erinnert – Elbe und Alster durchziehen die Stadt wie die unzähligen Grachten in Amsterdam, die, zu beiden Seiten mit prachtvollen Giebelhäusern geschmückt, das Stadtbild Amsterdams prägen.

Zu Fuß und auf dem Wasser erkundeten wir die Stadt; Jürgen T. hatte alles penibel vorbereitet.

Für viele Menschen ist Amsterdam die schönste, weltoffenste, duldsamste Stadt Europas – und ich kann dieses Urteil nur bestätigen. Dieser ruhige, trotzige Stolz auf den Sieg der Geduld über das Unmögliche erweist sich an jedem funkelnden Fenster, jedem glänzenden Messing-Türknopf, jeder schneeweißen Türschwelle und jedem gestärkten Spitzenvorhang. Jürgen T. scheute keine Mühe, uns auf diese Details hinzuweisen. Er ist ein Ortskundiger und genoss es sichtlich, uns diese schöne Stadt nicht nur touristisch zu zeigen, sondern näherzubringen. Ich war sehr überrascht, mit welchen Detailkenntnissen er aufwarten konnte. Schritt für mühsamen Schritt schufen die Holländer die erste bürgerliche Gesellschaft der Welt, und jene Ideale von Sauberkeit und Anstand bestehen noch immer. Amsterdam ist eine Stadt, in der man sich sicher fühlt, die klein genug ist, um in einer Woche erkundet zu werden, was wir dann auch taten. Auf der einen Seite gleicht sie einem lebenden, liebevoll erhaltenen Museum, welches eine ruhmreiche Vergangenheit feiert, während man auf der anderen sieht, wie die alternative Gesellschaft prägt. Das ist der Reiz Amsterdams: großer Respekt vor der Vergangenheit, Freude an der Gegenwart und Neugier auf die Zukunft. Jürgen T., der selbst ein paar Jahre hier gelebt hatte, war dafür der personifizierte Beweis – so als ob er immer noch ein Bewohner dieser Stadt wäre.

Natürlich war ein Schwerpunkt unserer Reise der Kiez und für Jürgen T. ein stilles Vergnügen, mir als Hamburger Kiezpfarrer ein Rotlichtviertel zu zeigen, das seinesgleichen sucht. Von Sauberkeit und Anstand sprach ich ja schon. Mir fiel auf, dass viele Familien mit Kindern dort ganz selbstverständlich flanierten – das kenne ich in dieser Form aus Hamburg nicht, aus gutem Grund. Alles ist in Amsterdam diskreter, man wird nicht angesprochen oder belästigt, die Damen sitzen in beleuchteten Schaufenstern, und es ist ganz ungefährlich, dort zu schlendern. Die Damen beachten einen nicht, wenn man nicht danach aussieht, als wolle man kaufen. Sex-Läden und Bordelle, Museen und Kinos, Kneipen und Speisegaststätten wechseln sich ab und geben dem Ganzen eben nicht einen Eindruck eines schmuddeligen Rotlichtmilieus. Ein Fazit dieser Reise war wohl ein leiser Hinweis mit Blick auf Hamburg: Amsterdam und seine Lebensweise, das ist eine wichtige Lektion für alle Stadtbewohner; so gelingt großstädtisches Überleben auf urbanste Weise. Und mittendrin eine Kirche wie in Hamburg. Das interessierte mich nun besonders, aber wegen des schon erwähnten Lockdowns konnte ich keine direkten Kontakte knüpfen. Ab und zu war dort eine Hochzeitsgesellschaft zugange, aber ansonsten war die Kirche in diesen Tagen leider geschlossen. Vor der Kirche ein Platz und eine bemerkenswerte Skulptur: eine kleine goldene Brust, auf der eine Hand lag, war im Boden eingelassen. Man konnte sehen, dass viele Passanten im Vorübergehen diese Brust berührten. Wir kennen wir auch in anderen Zusammenhängen, dass Kirchen oder Figuren von Menschen berührt werden – vielleicht erwarten sie von dieser Berührung einen Segen oder einfach nur Glück. Jedenfalls ist diese «goldene Brust» vor der Kirche inmitten eines Rotlichtquartiers ein Ausdruck von Respekt.

Ein Bulle, ein Pfaffe, ein Lude – diese illustre Gesellschaft machte auf sich aufmerksam, und es waren heitere und interessante Tage. Ich will indes unsere Gespräche zwischendurch nicht verschweigen; sie waren erheiternd und zugleich ernst, manchmal auch kontrovers und für mich eine einzigartige Milieustudie. Insofern war es eine echte «Studienreise». Ganz nebenbei gestehe ich meine außerordentliche Sympathie für die Mundart im Ruhrpott. «Hör ma, du A…» ist ein freundliches

Kompliment; das muss man erst mal verstehen. Ich mag diese schnörkellose, robuste Sprache, die auf eine vornehme hanseatische Zurückhaltung vollends verzichtet und gleich zur Sache kommt. Unser Austausch war geprägt von Neugier aufeinander und Respekt voreinander, besonders dann, wenn unsere Meinungen auseinandergingen. Wenn sich unsere Ansichten über die Dinge des Lebens in dieser speziellen Konstellation nicht reiben würden, wenn also eine nur gespielte Harmonie oder ein Konsens ohne wirkliche Auseinandersetzung stattfände, dann wären die Gespräche langweilig und belanglos. Ich glaube, dass sehen Jürgen und Jürgen auch so.

Als ich wieder in Hamburg war und begeistert von dieser Reise erzählte, fragte mich ein Kollege etwas konsterniert: «Warst du denn bei Trost?» «Ja genau, bei dem war ich, und das gefiel mir sehr gut!», war meine Antwort.

Unsere Sprache gebraucht das Wort «Trost» in einer merkwürdigen und tiefsinnigen Weise: Sie sagt von einem Menschen, der sich selbst und sein Leben nicht mehr mit vollem Verstand und mit vernünftiger Überlegung leitet, sondern allen möglichen Wahnideen oder Einbildungen verfallen ist, er sei «nicht bei Trost». «Bei Trost sein», das ist die Voraussetzung eines vernünftigen und vollsinnigen Menschenlebens; wer nicht bei Trost ist, wer keinen Trost mehr bei sich und in sich hat, der taumelt wie ein Betrunkener; er hat keinen Halt mehr, weil der Boden unter seinen Füßen wankt. Ich achte auf die tiefe Lebensweisheit, die sich in dieser Redewendung verbirgt, aber ich lasse mich durch sie zugleich an das Eigentliche und Wichtigste in meinem Christsein mit anderen auf dem Kiez erinnern: Ich habe dem normalen Leben nicht irgendetwas Besonderes und

Schwieriges hinzuzufügen. Wir sollen einander helfen, ein sinnvolles, sinnerfülltes Leben zu führen; wir sollen einander bewahren vor der unheimlichen Gefahr, «nicht bei Trost zu sein».

Aber ich war nicht nur bei Jürgen Trost, er ist auch oft bei mir. Ab und zu macht er eine Stippvisite in Hamburg und erhält dann im Pfarrhaus «Kirchenasyl» mit einem exklusiven Service: Zum Frühstück gibt es eine selbst gekochte Tomatensuppe.

Bei einem solchen Kurzbesuch im Herbst 2020 erzählte er mir, dass er sich einen künstlerischen Impuls für seine Häuser in Gelsenkirchen vorstellen könnte – ähnlich wie die «goldene Brust» in Amsterdam. Wir besuchten also Thomas Jastram in seinem Atelier in Hamburg. Der Bildhauer zeigte uns seine Kunst und erzählte uns viel von seiner Intention, Kunst zu machen und seinem Motto

«Die Renaissance der Sachlichkeit». Im Atelier standen wir plötzlich vor einer Figur, die offensichtlich noch im Werden war. Fast beiläufig erzählte Thomas uns knapp die Geschichte dazu, und in seine Stimme, die eben noch munter und optimistisch klang, mischte sich nun hörbar Enttäuschung und Ernüchterung: «Das sollte der Engel von St. Pauli werden. Auf der Reeperbahn sollte er stehen, gegenüber der Davidwache. Die Unterstützung des ‹Silbersack-Vereins› und damit auch die Finanzierung war eigentlich schon perfekt, aber aus der Kulturbehörde des Senats kamen Bedenken: ‹Das Figürliche in der Kunst ist nicht mehr zeitgemäß›, hieß es lapidar, und weil diese Behörde eben auch darüber mitbefindet, welche Kunst im öffentlichen Raum stehen darf, war dieses Projekt gestorben.» Aber nicht für Jürgen T.! Im Grunde war die Atelierführung für ihn nun beendet, er war innerlich elektrisiert und spontan entschlossen, den Engel von St. Pauli – da er ja schon «Flügel» hatte – kurzum nach Gelsenkirchen fliegen zu lassen.

Das war einer seiner berüchtigten Geniestreiche: Er «klaute» St. Pauli fix den Engel, und alsbald wird er zwischen seinen Häusern in Gelsenkirchen stehen, zur Freude vieler.

Mit wie viel Scheinheiligkeit werfen Menschen abfällige Blicke auf Frauen, die im «ältesten Gewerbe der Welt» tätig sind! Mir fallen spontan zwei Schriftworte ein:
1. «Zöllner und Huren mögen wohl eher ins Himmelreich kommen als scheinheilige Pharisäer und selbstgerechte Schriftgelehrte» (vgl. Matth 21, 31).
2. «Wer von euch ohne Sünde ist, werfe den ersten Stein» (vgl. Joh 8,7).

Natürlich muss sehr differenziert auf das Phänomen «Prostitution» geschaut werden, man darf Kriminalität nie, auch nicht in diesem Zusammenhang, verharmlosen. Weder Zuhälterei, verbunden mit Zwangsprostitution, noch Menschenhandel, noch verdeckte oder offene Gewalt an Frauen, noch unfreiwillige Abhängigkeiten oder Ausbeutung sind harmlos. Aber was ist gegen das Selbstbestimmungsrecht einer Frau einzuwenden? Was ist daran zu kritisieren, wenn Frauen souverän, legal, sozial abgesichert und tatsächlich selbstbestimmt als Sexarbeiterin ihr Geld verdienen? Ich jedenfalls sehe meine Aufgabe nicht darin, über diesem «Milieu» den Stab zu brechen – weder über den Frauen noch über jenen, die sich ihre Dienstleistung erkaufen! Das heißt nicht, dass ich zu allem Ja und Amen sage; aber so manche Moral in unserer so oft kleinbürgerlichen Gesellschaft kommt zuweilen als Doppelmoral daher.

Und nun steht er bald dort in Gelsenkirchen, der Engel, und wie ich finde, steht er da gut! Er steht dort für die Frauen als Zeichen der Wertschätzung und des Respekts, für die Vorübergehenden und für die Eintretenden. Für alle hat er eine Botschaft: «Ihr seid angesehene Menschen!» Denn in der Erscheinung des Engels hat die Erfahrung Gestalt gewonnen, dass Gott uns ansieht, der Engel ist «der Blick» Gottes auf uns.

Vielleicht hatte der Senat der Freien und Hansestadt genau davon eine leise Ahnung – oder eine gewisse Abneigung. Ich finde, hier ist eine Chance vertan worden. Denn der Kiez ist nicht nur Folklore, an der man kräftig verdienen kann. Wie sehr hätte den vielen auf der Reeperbahn lebenden und arbeitenden oder einfach nur flanierenden Menschen dieser Blick gutgetan: Ich bin ein angesehener Mensch – trotz Elend oder Einsamkeit, Unfreiheit oder Angst, des ewigen Unterlegenseins, der Leere, des Ungeliebtseins, des vergiftenden Hasses oder der beleidigenden Gleichgültigkeit. Ein Blick, der den vielen sagt: «Die Würde des Menschen ist unantastbar!»

Und wem diese Deutung zu überhöht erscheint, der könnte den Engel einfach nur als einen markanten Treffpunkt ansehen, ähnlich wie die Weltzeituhr auf dem Berliner Alexanderplatz. «Wir treffen uns beim Engel» – ich glaube, dieser Treffpunkt wäre in Hamburg schnell populär geworden.

Wir treffen unentwegt auf Symbole, auch in unserer Stadt, die von unzähligen Menschen ganz selbstverständlich angenommen werden. Zwei Beispiele: der Regenbogen und die Europaflagge.

Wenn ich aus dem Fenster meines Pfarrhauses auf der Großen Freiheit schaue, sehe ich vis-à-vis den Club Große Freiheit 36, den alten Kaiserkeller, in dessen Eingang seit geraumer Zeit zwei große Regenbogenfahnen wehen. Sie wehen auch in Hamburg-St. Georg zuhauf. Für die einen ist ein Regenbogen ein Naturschauspiel, das man wissenschaftlich erklären kann, für andere ein altes biblisches Hoffnungssymbol und Zeichen der Ermutigung, für wieder andere ein Symbol der Friedensbewegung oder ein Symbol für die LGBTQ-Szene, für Personen, die lesbisch, schwul, bisexuell, transsexuell, transgender und/oder queer sind.

In drei Sätzen ist dieses herrliche Naturphänomen erklärt: Ein Regenbogen entsteht im Auge des Betrachters dann, wenn er die Sonne im Rücken (sie darf nicht höher als 42 Grad über den Horizont stehen) und eine Regenwand vor sich hat. Dann bricht sich das weiße Sonnenlicht in jedem einzelnen Tropfen wie in einem Prisma. Von außen nach innen sieht man Rot, Orange, Gelb, Grün, Blau, Indigo und Violett. Beim Hauptregenbogen liegt Violett innen, beim zweiten, schwächeren Nebenregenbogen ist die Farbbrechung umgekehrt.

In den Farben des Regenbogens ist also die ursprüngliche Einheit des Lichtes gebrochen. Es erscheinen seine Teile, bleiben aber aufeinander bezogen. Die Bezogenheit von Trennung und Einheit, Differenzierung und Integration werden versinnbildlicht. Wie die Farben zugleich je für sich erscheinen und doch eine Einheit bilden, so gilt es, die letzte Gemeinsamkeit von Mensch und Welt, Mensch und Natur wie auch von Mensch und Mensch wahrzunehmen, die aber nur in kreativer bunter Vielfalt existieren kann. Der Regenbogen als Friedenszeichen Gottes deutet darauf hin, dass ökologischer und sozialer Friede zusammengehören. Er ermutigt dazu, auf solche Formen des Umgangs zu setzen, die Gewalt gegenüber der Natur ebenso überflüssig machen wie Gewalt zur Lösung sozialer Konflikte. Also lassen wir sie doch wehen, wo und für wen auch immer. Mit dem Theologen Lothar Zenetti will ich sagen: «Ein Tropfen Tau im siebenfarbnen Licht, mehr weiß ich nicht, mehr bin ich nicht!»

Auch die Europafahne bietet eine vielschichtige Deutung. Sie weht an allen öffentlichen Gebäuden für die Einheit der Europäischen Union, sie weht für Demokratie und grenzüberschreitende Freizügigkeit, für Werte der Menschlichkeit.

Am 25. März 1957 unterzeichneten sechs Staats- und Regierungschefs in Rom einen Vertrag, der ein engeres Zusammengehen dieser Staaten vorsah. Inzwischen ist – durch mehrere Krisen hindurch – diese Gemeinschaft auf siebenundzwanzig Staaten angewachsen. Wahrlich eine grandiose Erfolgsgeschichte, eben einmalig in der Geschichte unseres Kontinents. Sogenannte Erbfeindschaften, die Europa und die ganze Welt mit blutigen Kriegen überzogen haben, sind – sozusagen strukturell – überwunden.

Wer aber kennt die Geschichte, die hinter der Europaflagge steht? Sie ist sehr bewegend und hat ihren Ursprung schon im Zweiten Weltkrieg.

Paul Lévi, ein Jude aus Belgien, gelobte, Katholik zu werden, sollte er die Gräuel der Judenverfolgung durch die Nationalsozialisten überstehen. Er überlebte und wurde katholisch.

Am 5. Mai 1949 wurde in London der Europarat gegründet. Paul Lévi wurde dort Abteilungsleiter. Sechs Jahre später, 1955, wurde die Frage einer gemeinsamen Flagge der Mitgliedsländer des Europarates diskutiert. Auf einen Marktplatz in Brüssel entdeckte Lévi eine Marienstatue – über ihrem Haupt ein Kranz mit zwölf goldenen Sternen. Sein Blickwinkel war so, dass er durch den Sternenkranz hindurchsehen konnte und einen blauen Himmel sah. Umgehend besuchte er den damaligen Generalsekretär des Europarates, Lodovico Benvenuti, einen venezianischen Christdemokraten, und schlug ihm vor, zwölf goldene Sterne auf blauem Grund als Motiv für die Europaflagge zu wählen, was dann allgemein akzeptiert wurde. Und so ziert heute in allen Staaten der Europäischen Union der Sternenkranz Mariens die Europaflagge.

In der Offenbarung des Johannes, dem letzten Buch der Bibel, heißt es: «Am Himmel erschien ein großes Zeichen, eine Frau, mit der Sonne bekleidet, der Mond war unter ihren Füßen und ein Kranz von zwölf Sternen auf ihrem Haupt» (Offb 12, 1). In diesem biblischen Bild sieht und erkennt die Kirche Maria, die Gottesmutter.

Kein Mensch käme auf die Idee, solche Symbole nicht mehr «zeitgemäß» zu nennen. Ob Engel, Regenbogen oder Europaflagge: Sie sprechen uns auf vielen Ebenen und in unterschiedlicher Weise an.

Schlussendlich ist der Verzicht auf den Engel von St. Pauli auf der Reeperbahn auch eine nicht genutzte Möglichkeit, die Kunst des Hamburger Künstlers Thomas Jastram in seiner Stadt öffentlich zu zeigen. So steht sie überall in Museen, an zahlreichen öffentlichen Plätzen oder in privaten Sammlungen und Parks – nur nicht in Hamburg, außer in der Krypta von St. Joseph Altona. Darüber muss aber noch nicht das letzte Wort gesprochen sein, besonders dann nicht, wenn man einen Satz von Ricarda Huch bedenkt: «Gott ist nicht im Unsichtbaren und nicht im Sichtbaren, sondern in der Wirkung des Unsichtbaren auf das Sichtbare, woraus Form, Tat und Wort entsteht.»

So sind Engel, Regenbogen oder Europafahne zeitgemäße Äußerungen – auch in der Kunst. Und vielleicht steht ja irgendwann doch noch ein Abguss des Engels von St. Pauli da, wo er ursprünglich stehen sollte – auf unserer Reeperbahn. Mich würde das sehr freuen, und ich würde dort auch sicher regelmäßig den «Angelus», «den Engel des Herrn» beten.

Nun aber steht erst einmal im Sommer 2021 die Segnung des Engels in Gelsenkirchen an. Vorbeugend werde ich meine Kirchenoberen wohl nicht um Erlaubnis fragen, denn in Sachen «Segnung» könnten sie energisch reagieren. Ich müsste dann womöglich im Ungehorsam handeln, oder die Fahrt fiele flach – und das wäre schade.

KNEIPEN UND ANDERE NACHBARN

Vor ein paar Monaten zeigte der NDR eine Reportage mit dem Titel: «Der gute Geist von St. Pauli». Es ging darin unter anderem auch um mich und meine Arbeit. Ich erhielt danach viele berührende Reaktionen – auch diese: Ein Mitarbeiter der kirchlichen Verwaltung aus der Abteilung Bildung teilte mir im gekränkten Ton (nicht persönlich im Gespräch, sondern über die sozialen Medien) mit, dass, so pflegte er sich auszudrücken, der selbsternannte «Kiez- und Kneipenpfarrer» sich mehr um die katholische Schule auf seinem Kirchengelände kümmern sollte. Diese Kritik nehme ich an, aber nur bedingt, denn man kann immer noch mehr investieren, als man es ohnehin schon tut. Von Anfang an, seit 2010, pflegte ich innerhalb und außerhalb der Beichte persönliche Kontakte zur Schülerschaft unserer Schule. Jeden Mittwoch feierte ich in guter Zusammenarbeit mit den Lehrkräften einen Schulgottesdienst und zu Beginn eines jeden Schuljahres einen besonderen für Lehrerinnen und Lehrer. Aktionen zum Beispiel wie Klassenfahrten nach Lübeck zu den Märtyrern oder Besuche in unserer Krypta unterstützte ich sehr wohlwollend. Und zum Jahresbeginn engagierte ich eine Gruppe mit dem «Dreikönigsspiel» und verschaffte damit vielen Schülerinnen und Schülern, auch Lehrerinnen und Lehrern einen besonderen Impuls und Genuss. Ja, ich sollte mich noch mehr kümmern um eine Schule, die das Erzbistum 2023 schließt, ohne sich vorher mit dem zuständigen Ortspfarrer zu konsultieren. Die Schließung der katholischen Schule in Altona erfolgt ausschließlich aus ökonomischen Gründen. Dass es sich um einen Stadtteil mit sozialen Schieflagen handelt, spielte keine Rolle bei dieser Entscheidung. Also auf diesem Wege eine kleine Retourkutsche: Lieber Mitarbeiter, erst informieren und dann posten oder besser noch in den Dialog gehen – falls man in solchen Verwaltungen noch weiß, was das ist und wie das geht!

In jener NDR-Reportage sagte ich in der Tat: «Viele Menschen kommen nicht mehr zu uns, also gehe ich dorthin, wo sie anzutreffen sind» – und das sind halt Kneipen. Ich bin ohnehin kein Stubenhocker. Das heißt aber nicht, dass ich sozusagen als «Funktionär der Kirche» in die Kneipe gehe – das tue ich natürlich nicht, muss ich auch gar nicht, weil inzwischen viele wissen, wer ich bin. Viele Kontakte und Gespräche ergeben sich einfach dadurch, dass in den meisten Kneipen eine offene Atmosphäre herrscht. Ich erlebe sie als Orte der Begegnung und Kommunikation. Und als solche werden sie von den allermeisten Menschen auch aufgesucht. Dass jemand einen ganzen Abend isoliert an einem Tisch sitzt und sich die Birne vollballert, kommt zwar vor, aber doch eher selten. Im Lauf der Zeit haben sich «Kneipen-Gemeinschaften» gebildet. Man kennt sich und freut sich aufeinander, ist neugierig und diskutiert über Gott und die Welt und streift dabei viele Themen, belanglose und relevante, allgemeine und immer wieder auch sehr persönlich gefärbte. Zunehmend wird natürlich auch Kirchenkritik bei mir abgeladen. Dabei unterscheiden die allermeisten zwischen Institution und Person. Persönlich werde ich so gut wie nie angefeindet, aber als Vertreter der Institution auch nicht geschont. Ich glaube, dass manch eine Kneipengängerin, manch ein Kneipengänger im Stammlokal so etwas wie ein zweites Zuhause sieht, jedenfalls hat eine gewisse Sozialisation stattgefunden – und insofern ist die lange Schließung für viele eine echte Katastrophe. Da bricht eben mehr ab als nur eine Gewohnheit, da brechen soziale Beziehungen ab, wichtige Kontakte, die auch als persönliches Korrektiv fungierten, Gelegenheiten, bei denen Menschen Annahme, Sympathie, Empathie, Zuspruch, aber auch Auseinandersetzung und Reibung erfuhren – der Verlust von all dem macht Menschen zutiefst traurig, manchmal auch zornig und oft eben einsam. Zudem bleibt eine große Verunsicherung, ob diese oder jene Kneipe die Pandemie überhaupt überleben wird. Das verstärkt einerseits die Solidarität mit den Betreibenden und Beschäftigten und andererseits die Ungewissheit und stärkt eine tendenzielle Skepsis, eine eher pessimistische Sicht auf die Zukunft.

Von solchen Kneipenerfahrungen will ich sprechen und davon, dass ich sie sehr wohl als eine Art pastorale Variante meines Dienstes als «Kiezpfarrer» ansehe.

Wohlers

Die Wohlers Allee ist eine der schönsten Wohnstraßen hier in Hamburg, mit den alten Hamburger Bürgerhäusern, darunter manche im Jugendstil, der wunderschönen Allee und dem Wohlers Park. Wer Power hat oder Action will, ist etwa in zehn Minuten fußläufig auf dem Kiez oder in der anderen Richtung im Schanzenviertel, die Straße selber bietet eine angenehme und relativ ruhige Atmosphäre, als wäre die Zeit stehengeblieben. Und doch ist auch hier vieles im Wandel. Als ich 2010 hierherzog, fanden im Wohlers Park noch sehr schöne Theateraufführungen des Ensembles «Elfen im Park» statt – leider inzwischen Vergangenheit. In unserer Straße brannten regelmäßig Autos – zum Glück inzwischen Vergangenheit. Am Pfingstmontag feiern wir seit drei Jahren mit zehn bis zwölf Gemeinden verschiedener Couleur, darunter auch die Heilsarmee, einen ökumenischen Gottesdienst – inzwischen gute Gegenwart. Also hat alles seine Zeit, Altes vergeht, Neues entsteht – und zwischendurch gab es immer gute Gründe, sich im «Wohlers Eck» bei Telse, so hießen die Eckkneipe und ihre Chefin damals, zu treffen. Heute heißt die Kneipe nur noch «Wohlers», die Besitzer, das kulinarische Angebot, die Preise und die Klientel haben sich verändert, aber der Treffpunkt für einige ist geblieben, besonders im Sommer, wenn man draußen sitzen kann bei Wein, Bier, Zigarillo und immer bei dem Versuch und mindestens dem Anspruch, die Welt zu verbessern. Ich spreche von einer besonderen Gruppe, die sich im Lauf der Jahre zusammengefunden hat. Es sind aufgeweckte, streitbare, interessante Leute, die mehr oder weniger freundschaftliche Beziehungen pflegen und ebenfalls mehr oder weniger linksliberal-sozialkritische Ansichten teilen. Irgendwann stieß ich dazu. Mitten in dieser illustren, bunten Truppe nun ein auch ein katholischer Priester. Kann das gut gehen? Ja, sehr gut sogar! Am meisten staune ich selbst darüber. Respekt und Toleranz, Neugierde und Akzeptanz sind wohl der Grund, weshalb es so gut klappt und vielleicht auch das Überraschende: Er ist gar nicht so, wie wir uns einen katholischen Priester vorgestellt haben. Das eigene Vorurteil eventuell korrigieren zu müssen und die Bereitschaft dazu aufbringen zu wollen, ist ja schon eine Leistung, die für sich steht. Dabei geht es in den Gesprächen am «Stammtisch» sehr selten um einen Konsens und schon gar nicht um den kleinsten gemeinsamen Nenner. Hier wird mit Leidenschaft diskutiert und gerungen. Es geht um das Einander-Verstehen, um die Akzeptanz anderer Ansichten und natürlich auch immer um das eigene Rechthaben. Leidenschaften geraten indes nach dem fünften Glas Rotwein auch mal außer Kontrolle, dann trifft man sich eben anderntags und räumt seinen Kontrollverlust ein, trinkt auf ein Neues, und gut ist es – zugegeben eine typisch naive Vorstellung von mir und leicht gesagt, denn im wirklichen Leben funktioniert das nicht so eben. Aber deshalb ist diese Vorstellung ja nicht falsch, sondern wünschenswert. Und selbstverständlich muss auch ich immer wieder vor meiner eigenen Haustür kehren, auch ich muss mich immer wieder neu auf ein offenes Gespräch, meistens sind es Streitgespräche, einstellen und vor allem einlassen. Dass Sympathien dabei eine erhebliche Rolle spielen, erleichtert einen solchen Prozess ungemein und lässt ganz still vor sich hin – ohne vordergründige Absicht – Vertrauen wachsen. Das kann so weit gehen, dass jemand, mit dem ich immer wieder sehr offen und kontrovers in der Sache diskutierte, mich bat, seine Mutter zu beerdigen, obwohl es so gut wie keine kirchlichen Bindungen gab, oder dass mich Freunde und Familie baten, die Trauerfeier für Boy zu übernehmen, der ebenfalls keinen kirchlichen Background hatte. Diese «Wohlers-Gemeinschaft» bereichert mich ungemein; irgendwie trifft sie auch mein Lebensgefühl, und gerne gehöre ich diesem «Klaukschieter-Klub» an, sehr gerne sogar.

Denn gerade als Priester spitze ich mein Ohr dort, wo Klartext gesprochen wird, und zwar ohne Rücksicht. Nur in der eigenen «Echokammer» gibt es nichts Neues unter der Sonne. Das auszuhalten, ohne anbiedernd zu werden oder ständig beleidigt und gekränkt zu sein, ist eine dauernde Herausforderung, die ich auch in anderen Zusammenhängen bestehen muss – und wo mir das glaubhaft gelingt, macht es mich nicht nur froh, sondern auch ein klein wenig stolz. Diese Runde im Wohlers gefällt mir auch deshalb, weil nicht nur Tiefgründiges, sondern auch Ironie, vor allem Selbstironie, ein geistreicher Witz, der eben nicht billig auf Kosten anderer daherkommt, dazugehört; hier wird nicht nur geklagt, bedacht, gestritten, sondern auch herzhaft gelacht – Prost!

Sünde

Einen ersten Eindruck vermittelte mir Matthias, der mir diese Kneipe eines Tages zeigte: Laut war sie und verqualmt, viele Leute, Gedränge am Tresen, kaum möglich, gegen die Akustik zu sprechen, und Live-Musik. Ich war «schwer beeindruckt». Und vor mir eine kleine Karte mit einem Apfel und einem Spruch: «Wir definieren Sünde neu!»

Das Wohlers ist nicht die Sünde, und doch gibt es einige, die von hier nach dort und von dort nach hier ziehen – zum Beispiel Alex und Elias, ich treffe sie oft im Wohlers. Sie feierten ihren Geburtstag in der Sünde und luden viele Gäste ein, auch mich. Der Abend nahm seinen Lauf. Die Geburtstagsparty war auf vollen Touren, da wurde ich von einer charmanten Frau ermutigt, eine kleine Rede zu halten, sozusagen aus der Hüfte (nein, nicht ganz: ein guter Freund hatte sie mir vor längerer

Zeit erzählt). Das war eine gewagte Sache, denn Reden gehörten absolut nicht zum Standard einer derartigen Party.

So ermutigt, hob ich an:

«Stell dir vor, du hast bei einem Wettbewerb den folgenden Preis gewonnen: Jeden Morgen stellt dir die Bank 86 400 Euro auf deinem Konto zur Verfügung. Doch dieses Spiel hat gewisse Regeln. Die erste Regel lautet: Alles, was du im Laufe des Tages nicht ausgegeben hast, wird dir wieder weggenommen, du kannst das Geld nicht einfach auf ein anderes Konto überweisen, du kannst das Geld nur ausgeben. Aber jeden Morgen, wenn du erwachst, stellt dir die Bank erneut 86 400 Euro für den kommenden Tag zur Verfügung. Die zweite Regel ist: Die Bank kann das Spiel ohne Vorwarnung beenden, zu jeder Zeit kann sie sagen: Es ist vorbei, das Spiel ist aus. Sie kann das Konto schließen, und du bekommst kein neues Geld mehr. Was würdest du tun? Du würdest dir alles kaufen, was du möchtest? Nicht nur für dich selbst, auch für alle anderen Menschen, die du liebst? In jedem Fall aber würdest du versuchen, jeden Cent so auszugeben, dass du ihn bestmöglich nutzt und so viele Menschen, die du liebst, damit glücklich zu machen, oder? Weißt du, dieses Spiel ist die Realität. Jeder von uns hat so eine Bank. Wir sehen sie nur nicht, denn die Bank ist die Zeit. Es ist die Lebensbank. Jeden Morgen, wenn wir aufwachen, bekommen wir 86 400 Sekunden Leben für den Tag geschenkt, und wenn wir am Abend einschlafen, wird uns die übrige Zeit nicht gutgeschrieben. Was wir an diesem Tag nicht gelebt haben, ist verloren. Gestern ist vergangen. Jeden Morgen beginnt sich das Konto neu zu füllen, aber die Bank kann das Konto jederzeit auflösen, ohne Vorwarnung. Also lebe dein Leben, trage deine Werte in dir, lebe dein Leben mit Liebe und gib so viel du kannst anderen davon ab.»

Geburtstage, Jubiläen oder auch der Jahreswechsel sind immer gute Anlässe, über die geschenkte Zeit nachzudenken. Diese kleine Geschichte hat der Party nicht geschadet, sie ging unbeschwert weiter. Aber einige Partygäste sprachen mich doch an. Das alles registrierte Daryoush, der freundliche Wirt, und war offensichtlich gerührt. Er machte mir ein sehr bemerkenswertes Angebot. Ich könnte, so sagte er, in seiner Kneipe ab und zu an einem bestimmten Platz sitzen und wenn gewünscht, als Zuhörender für Gäste da sein. Wir setzten das in die Tat um: In der Regel saß ich nun am Donnerstag ab 21 Uhr ein oder zweimal im Monat in einem Ledersessel, links und rechts freie Plätze, und trank mein Wasser und meinen Rotwein (auf Kosten des Hauses!), las ein Buch und harrte der Dinge, die da kamen. In den sozialen Medien gab Daryoush den Termin bekannt: «Pfarrer Karl hat ein Ohr.»

Es hatte etwas Kurioses: Ein katholischer Pfarrer geht in die Sünde und hört Leuten zu – und es war für mich sehr überraschend, denn es kamen tatsächlich einige, um vertraulich mit mir zu reden. Dabei erwartete kein Mensch, dass ich das Gehörte kommentieren oder gar deuten und schon gar nicht, dass ich irgendwelche Probleme lösen müsse. Erwartet wurde Zeit, Aufmerksamkeit, Empathie und Vertraulichkeit, und das konnte ich garantieren. Und wenn aus dem Zuhören ein Gespräch wurde, dann konnte ich einmal mehr als «Übersetzer» fungieren.

Ich hoffe sehr, dass die «Sünde» die Pandemie überleben wird, und dann nehme ich gerne wieder Tuchfühlung auf. Auf alle Fälle waren es für mich intensive und wertvolle Erfahrungen, für die ich sehr dankbar bin.

Trattoria 500 & Teigtasche

Zur bunten Stadtlandschaft auf St. Pauli gehört die Internationalität, die sich in der Kneipenkultur oder besser noch in der internationalen Küche besonders angenehm zeigt. Mir schmecken exotische Gerichte aus aller Welt, ich mag das Fremde, das Pikante, das Ungewohnte – das über den deutschen Standard von «Kartoffel, Soße und Schweinebraten» hinausgeht.

Trattoria 500, das kleine, fast unscheinbare italienische Familienunternehmen in der Paul-Roosen-Straße, gehört zu den Geheimtipps, wenn man gut speisen möchte und für sich entschieden hat: «Das Leben ist zu kurz, um schlecht zu essen!» Der Koch ist ein Meister seiner Zunft! Unzählige Gemüse-, Nudel- oder Salatvarianten werden auf der Speisekarte angeboten, ganz in der Tradition der Trattoria. Von Anfang an gehörte ich sozusagen zum lebendigen Inventar. Zur Eröffnung bat mich die Familie, das kleine Lokal zu segnen. Das tat ich gerne und brachte zur Eröffnung ein Bild mit, das bis heute in der Gaststube hängt: Don Camillo, der genüsslich seine Spaghetti verschlingt, und daneben Don Carlos, der ihm mit einem Glas Rotwein zuprostet. Im Lauf der letzten Jahre taufte ich einige Familienmitglieder oder beerdigte sie – beides gehört zum Leben, wir gehen durch zwei Tore, durch das Tor der Geburt und durch das Tor des Todes. Und wenn man als Priester eine italienische Familie in der Art begleitet, dass man ihr nahe ist beim Durchgehen eines solchen Tores, gehört man fast dazu, ist man fast ein Familienmitglied. Wenn ich das Restaurant betrete, eher am Abend, dann tönt mir ein euphorischfreundliches «Padre, padre, buonasera» entgegen. Im Sommer kann man draußen sitzen. An lauen Abenden fühlt man sich in dieser Straße wie in Italien, Kneipe liegt neben Kneipe, und in der Regel sind die Leute ausgelassen und friedlich. Auch hier habe ich unzählige Begegnungen und Gespräche gehabt.

Ganz anders die Teigtasche, ein tolles Restaurant in der Hein-Hoyer-Straße und mit seinem unverwechselbaren Ambiente und der wunderbaren baltischen Küche ein Geheimtipp. Alles ist selbstgemacht, die Einrichtung, die Dekoration und das Essen sowieso. Die Bedienung ist nie distanzlos, euphorisch-aufdringlich, sondern immer freundlich zurückhaltend, fast hanseatisch. Die wunderbare litauische Vorsuppe Borschtsch und danach frittierte Teigtaschen mit gemischtem Hackfleisch sind mein Stammgericht geworden, zum Amüsement meines Cousins Atschi, der die ganze Speisekarte hoch und runter zu schätzen weiß. Mit ihm treffe ich mich regelmäßig zum Austausch, zumal seine Affinität für das Baltikum immer für Gesprächsstoff sorgt. So entstand in der Teigtasche auch der Plan einer Reise nach Riga, die wir dann auch gemeinsam machten.

Die Teigtasche bildet oft den Abschluss meiner eigenen Kieztouren. Sie beginnen in der Kirche St. Joseph nebst Krypta, ziehen sich durch die Große Freiheit über den Beatles-Platz, die Reeperbahn bis zur Davidwache, dort bekommen wir (wenn es passt) eine Führung und beenden die Tour mit einem kulinarischen Ausrufezeichen in der Teigtasche. Unterwegs staune ich dann oft über das gute Auge der Türsteher und Animateure. Eines Tages besuchte mich ein frommer Franziskanerpater aus Bayern; er war natürlich sehr an «meinem» Revier interessiert. Für den Kiezspaziergang zog er seine Kutte aus, ließ sein Ordenskreuz unter dem schwarzen T-Shirt verschwinden und glaubte nun, anonym zu sein. Zu unserer großen Überraschung ging ein Türsteher auf der Reeperbahn gezielt auf ihn zu und sagte: «Mein Herr, wir haben auch Angebote für Mönche!» Sie haben eben eine ausgezeichnete Menschenkenntnis, diese Jungs vor den Klubs. Ich glaube, mein Franziskanermönch war darauf nicht gefasst und hat dieses Erlebnis bis heute noch nicht verarbeitet.

Silbersack & Elbschlosskeller

Ein anderes Mal, es war im Februar 2012, besuchte mich mein Neffe Andreas, um mir zu helfen, den neuen Computer in meinem Büro auf der Großen Freiheit einzurichten. Es war am frühen Abend, und wir hatten wohl zwei Stunden damit zu tun. Inzwischen fror und regnete es draußen, und die Straßen verwandelten sich buchstäblich in eine Eisbahn. Ich lud Andreas auf ein Bier in den Silbersack ein. Wir schlitterten die Große Freiheit entlang und hörten die Stimme eines Türstehers: «Jungens, kommt rein. Ihr brecht euch sonst noch die Knochen!» Jo, jo, antworteten wir, ignorierten die warnende Einladung und schlitterten weiter in Richtung Silbersack. Und genau vor diesem knallte ich dermaßen auf dem Rücken, dass mir die Luft wegblieb und schwarz vor Augen wurde. Einen Augenblick dachte ich: «Das war's denn wohl.» Ein Krankenwagen musste kommen und mich ins Altonaer Krankenhaus bringen, wo wir von 21 bis 5 Uhr morgens warteten – mein Neffe immer an meiner Seite. Das Resultat: eine Rippenserienfraktur. Erinnerlich bleiben mir vier Dinge: die Treue meines Neffen, die weisen und prophetischen Worte des Türstehers, mein erstes Silbersack-Erlebnis und ein monatelanger Dauerschmerz bei jeder Bewegung.

Rotlicht, Fischmarkt, Alternativkultur: Sankt Pauli ist ein besonderes Pflaster. Geht es nach einer neu gegründeten Initiative, sollen diese Besonderheiten durch den Titel «immaterielles UNESCO-Kulturerbe» geschützt werden. Größenwahn, Anspruch, ein irrer Traum zwischen Rotlicht und Hafenromantik – oder nur ein PR-Gag?

«Wir wissen, dass die meisten Leute mit St. Pauli eben doch Toleranz und Weltoffenheit selbst definieren. Und das wollen wir eben durch diese Anmeldung bei der UNESCO stärken», sagt der Fotograf und Sankt-Pauli-Museum-Gründer Günter Zint.

«In meiner Übersetzung wäre es eine Wertschätzung für das Viertel und seine Entwicklung. Weil ich glaube, dass hier in der Gesellschaft St. Paulis eine sehr besondere Haltung vorhanden ist. Und das ist die Vorstellung von Freiheit. Das leben zu können, die Lebensentwürfe des anderen ertragen zu können, dass das funktioniert», sagt die Quartiersmanagerin und Initiatorin Julia Staron.

Dieser Plan wird auch von Olivia Jones, Corny Littmann oder Falko Droßmann, dem Bezirkschef in Hamburg-Mitte, sowie von der evangelischen und katholischen Kiezgemeinde unterstützt. Aber was in Gottes Namen haben die beiden Kirchengemeinden zum Beispiel mit Dragqueen Olivia Jones gemeinsam? Freiheit, Vielfalt, Respekt und Toleranz als weltweites Leitbild zum Beispiel!

Im Juli 2018 fand in der Kultkneipe Silbersack ein öffentliches Treffen statt. Mit möglichst vielen Anwohnern wollte die Initiative diskutieren. Und es wurde diskutiert: leidenschaftlich und kontrovers. Viele Anwohner reagierten mit Unmut. Sie befürchten, dass der Titel zusätzliche Touristen auf die Vergnügungsmeile locken und dadurch die Ballermann-Stimmung auf dem Kiez verstärken könnte, und besorgt fragten sie, ob das alte St. Pauli dadurch bewahrt oder im Dienste einer werbewirksamen «Aufhübschung» dauerhaft zerstört würde. Mich machten gerade die Argumente der Anwohner sehr nachdenklich.

Was ist daraus geworden? Die Pandemie stoppte und dämpfte erst einmal alles. Sie sorgte ohnehin dafür, dass das Leben auf dem Kiez runtergefahren wurde – es wurde nicht nur Abstand gehalten, sondern regelrecht die Schotten geschlossen, und auch die Kultkneipe Silbersack war und ist davon betroffen.

Jörg Schlenker, ein Künstler aus Schwenningen, hat die bekannte Kachelwand des Silbersacks verewigt. Die Serigraphie, die es in einer Auflage von 115 Exemplaren gibt, nimmt die bunten Kacheln an der Wand der Silbersackecke auf. Schlenker verkauft sie in einer limitierten Auflage und unterstützt damit die Kultkneipe. Auch ich habe eine Druckgrafik erworben. Die Arbeit von Schlenker ist auch ein Beitrag, um Mut zu machen und Solidarität zu zeigen mit denen, die um ihr Überleben kämpfen.

Ganz ähnlich sah ich auch meine Aktion, die mit dem Elbschlosskeller zusammenhängt. Das alte, ziemlich raue St. Pauli ist im Elbschlosskeller noch erlebbar. Die Kneipe existiert seit 1952. Ihre Gäste hat die St. Paulianerin und Fotografin CP Krenkler porträtiert. Diese Ausstellung war – wie alle ihre Ausstellungen – sehenswert und berührend.

Als vor Ostern 2020 der Kiez wegen des Lockdowns wie in einem Dornröschenschlaf versank, alles geschlossen hatte, kein Mensch auf den Straßen und Gassen unterwegs war, konnte man so etwas wie einen solidarischen Zusammenhalt auf dem Kiez erleben. Ich bin mir nicht sicher, ob dieser Zusammenhalt heute immer noch gilt. Vor einem Jahr aber hatten viele sich gegenseitig im Blick. Kein Mensch auf den Straßen? Das stimmt nicht ganz. Die Wohnungslosen bestimmten notgedrungen das Stadtbild, sie haben keine andere Bleibe als die Straße – das wurde gerade in der Zeit der Pandemie bedrückend sichtbar. Genau in diesen Tagen der existenziellen Notlage öffnete spontan der Elbschlosskeller seine Türen für die Wohnungslosen. Eine beispiellose Aktion, die Daniel «Kellerkind», so nennt er sich, mit vielen ehrenamtlichen Frauen und Männern zustande brachte. Die Kneipe wurde zu einer Sozialstation; das hat uns Katholiken nicht kaltgelassen. Mit einem Brief machte ich mich auf den Weg und segnete die Kneipe, aber vor allem alle Gäste und alle Engagierten.

«Liebe Freunde und Nachbarn im Elbschlosskeller, in diesen schwierigen Zeiten sind meine Gedanken bei Ihnen. In beispielhafter Weise öffnen Sie Ihre Kneipe und sind das für die Ärmsten und Schwächsten in unserer Gesellschaft – Respekt und Dank! Als Zeichen der Solidarität und Verbundenheit mit Ihnen übergeben wir eine Spende (1000,– Euro) und hoffen, dass wir diese Zeiten bald hinter uns lassen können. Bis dahin brauchen wir unendlich viel Geduld, Kraft, Zuversicht und Hoffnung. Mit Ihrem Engagement zeigen Sie ein menschliches Gesicht! Ich wünsche Ihnen – auch im Namen der katholischen Kiez-Pfarrei St. Joseph – viel Gutes und: Bleiben Sie gesund!»
Karl Schultz, Kiezpfarrer

Segen und konkrete Hilfe gehören für mich zusammen. Einer der Ehrenamtlichen brachte liebevoll den Segen sichtbar an die Außentür des Elbschlosskellers, der seit 1952 ununterbrochen täglich vierundzwanzig Stunden geöffnet hatte. Daniel hatte ihn schon von seinem Vater und Großvater übernommen. Nach siebzig Jahren musste die Kneipe erstmals ein Türschloss einbauen, weil sie nun des Nachts geschlossen blieb. Das fand ich sehr kurios. «Und wenn die ganze Scheiße vorbei ist», so versprach ich es, «trinken wir ein Bier.» Im Sommer 2020 entspannte sich kurzfristig die Lage, und ich löste mein Versprechen ein.

Aber vor Ostern 2020 war diese Entspannung, die sich im Spätherbst als ein fataler Irrtum entpuppte, nicht voraussehbar. Auch die Kirchen waren geschlossen, es konnten keine Gottesdienste gefeiert werden. Mein evangelischer Kollege und ich zogen in der Osternacht durch die dunklen, leisen und menschenleeren Straßen, auch durch die Herbertstraße, mit Osterkerze, Kreuz und einem Trompeter und verkündeten so auf unsere Weise die Osterbotschaft. Irgendwie war die Atmosphäre bedrückend unwirklich, ich glaube, die Surrealisten hätten ihren Reiz an dieser speziellen Atmosphäre. Der Kiez war wie tot. Mein Kollege Sieghard Wilm, Pastor der evangelischen Kirchengemeinde St. Pauli, pflegte zu sagen: «Der Kiez und wir Christen haben eines gemeinsam: Wir glauben an die Auferstehung!»

Vor der «Alten Liebe» auf der Reeperbahn erteilten wir dann für alle Menschen, die auf dem Kiez leben und arbeiten und auch sonst dort unterwegs sind, den Ostersegen. Nie hätte ich gedacht, dass ich diese Nacht, die in den Kirchen als «Mutter aller Gottesdienste» gefeiert wird, einmal auf solche Weise in ökumenischer Eintracht begehen würde. Und dass der Ostersegen vor der «Alten Liebe» gespendet wurde, freute mich besonders, denn dort bin ich so gut wie zu Hause. Sie bildet mit Corny Littmanns Theater und der Panik City eine Einheit. Mit allen drei Orten verbindet mich eine fröhliche Sympathie, die ich mit einem Gedicht in der «Alten Liebe» zum Beispiel zum Ausdruck brachte, als die Chefin ihren dreißigsten Geburtstag feierte:

Geburtstagsständchen
Alte Liebe
Jungbrunnen
Krisengeschüttelt
Ein Ort der kurzen Weile
Auf der geilen Meile
Hier triffst du Menschen
Die sagen, was sie meinen
Die trinken und lieben
Die lachen und weinen
Nur eine hat hier den Hut auf
Hinter der Bier-Bar
Und das ist Mira – AMEN Halleluja

Corny Littmann, der Kreative, war während des Lockdowns nicht untätig: «Schmidtflyx – Die Streaming-Show» war eine seiner Aktionen; diese Show wurde alternativ zum geöffneten Theater wochenlang abends auf YouTube aus dem Schmidt-Theater live übertragen. Zur Show gehörte auch immer ein Überraschungsgast. In der 13. Folge der ersten Staffel wurde ich als Kiezpfarrer eingeladen. Das stellte sich im Nachhinein für die Theatermacher als sehr risikoreich heraus; ich war in dem Ganzen eher ein Fremdkörper, denn ich war sprachlich und optisch in der Tat für die einen eine Überraschung und für andere ein Flop, sodass sich der Moderator am nächsten Abend quasi genötigt sah, sich dafür zu entschuldigen, und versprach, nie wieder einen Pfarrer einzuladen. Andere Reaktionen jedoch waren heiter und zustimmend: «Es ist gut, dass Du Dich in solche Räume begibst und auf dem Kiez präsent bist», schrieb mir einer und ein anderer: «Lieber Herr Pfarrer, direkt von Ihrem Kiezkantor, aus der Klinik … DAS war GROSSARTIG! Sagen wir wie aufm Kiez: geil! Ich gratuliere Ihnen zu dem Mut, bei Schmidtflyx aufzutreten! Ich bin stolz auf Sie und sende herzliche Grüße!»

Im Sommer, als vorübergehend geöffnet werden durfte, öffnete Corny Littmann sein Theater als erstes in Deutschland: «Paradiso – die Show-Oase im Schmidts Tivoli», und Udo L. und ich waren persönlich eingeladene Gäste – so sind wir irgendwie alle auf dem Kiez verbunden. Diese Verbundenheit erhielt im Juli 2021 einen noch sichtbareren Ausdruck. Corny L. organisierte und finanzierte mit seiner Stiftung ein internationales Festival auf dem Spielbudenplatz («Die Schau der großen Straßenkünste und Kuriositäten») und bat mich – gemeinsam mit Pastorin Sandra Starfinger aus der Evang.-luth. Kirchengemeinde St. Pauli –, einen ökumenischen Gottesdienst zu feiern. Auf der Reeperbahn, inmitten des Spielbudenfestivals, präsent sein zu dürfen, dokumentiert diese Wechselbeziehung zwischen Kirche und Kiez, die seit nun elf Jahren beständig gewachsen ist.

Die Olivia Jones Family

Ich bin immer noch im Frühjahr 2020 und kann eigentlich nicht wirklich beschreiben, wie sehr sich während der Shutdowns und Lockdowns der Kiez von einer lebensfrohen Partymeile in eine Geisterstadt verwandelte. Manchmal denke ich an die traumatischen Erlebnisse, von denen Menschen uns erzählen. Wir können das alles hören und bedenken, wir können ein Mitgefühl entwickeln, aber doch nur bedingt nachempfinden, was andere erlebt haben. Späteren Generationen wird es ähnlich ergehen, wenn wir einmal über diese Zeit der Pandemie erzählen werden. Wobei ich das Leid, das Menschen in verschiedenen Situationen erleiden müssen, gar nicht miteinander vergleichen möchte. Es ist ohnehin fragwürdig, jemanden, der irgendeine Not, eine Bedrängnis, einen schwierigen Schicksalsschlag zu verkraften hat, mit dem Hinweis trösten zu wollen, dass anderswo die Not noch größer sei. Jede konkrete Situation verdient eine konkrete Beachtung und Zuwendung.

Eine besondere Aktion in dieser Zeit ging im Frühjahr 2020 von einer Initiativgruppe um Olivia Jones aus. Der solidarische Zusammenhalt war noch gegeben, und er war echt. Man nahm am Schicksal des Nachbarn teil, viele Kieziander sahen sich gewissermaßen in einer Schicksalsgemeinschaft. Zweihundert Clubs und Läden verabredeten sich und planten eine Mahnwache auf dem Beatles-Platz. Wegen der Corona-Bestimmungen wurden es dann nur wenige, vielleicht dreißig. Ich wurde gebeten, speziell für diesen Moment ein Gebet, ein Kiezgebet, zu formulieren. Das berührte mich und zeigte mir, dass ich auf dem Kiez angekommen war. Die Aktion wurde mit einer symbolischen Kranzniederlegung verbunden. Gebet und Kranz auf dem Beatles-Platz, etwas skurril war das schon. Und während des Gebetes, so sagten mir einige, die es live miterlebten, bekamen sie eine Gänsehaut. Nach ein paar Worten meines Kollegen Sieghard Wilm sprach ich das Gebet:

Herr, unser Gott, Schöpfer der Welt!
Deine Schöpfung ist bunt, nicht schwarz-weiß,
und vielfältig – wie der Kiez.
Alle deine Geschöpfe haben eine Würde,
lass uns das nicht vergessen.
Jedes Theater, jeder Klub, jede Bar,
jede Kneipe, jede Disco
haben ihr Recht, ihre Berechtigung.
Lass uns miteinander achtsam, respektvoll und
tolerant umgehen und wenn möglich,
in diesen Zeiten auch solidarisch.
Erwecke den Kiez aus seinem
erzwungenen Dornröschenschlaf.
Hauche uns wieder Leben und Freude –
Lebensfreude ein,
die hörbar und sichtbar und erlebbar ist.
Schenke uns Leben, Leben in Fülle.
AMEN.

Die Anwesenden applaudierten, das war eine schöne Art der Zustimmung.

Zustimmung und Beachtung fand ich auch in Olivia Jones' Autobiographie «Ungeschminkt», in dem sie mir einen Titel verpasste, den ich mir selber nie gegeben hätte: «Unser katholischer Kult-Kiezpfarrer». Das «Unser» hat mich gefreut und auch, wie sie sich in ihrem Buch mit dem Thema Glaube, Tod und Hoffnung auseinandersetzt.

Wir lernten uns kennen, als wir die gleichen Frequenzen für unsere Funkmikros benutzten – ich im Gottesdienst, Olivia bei ihren Kieztouren. Und so hörten wir in der Kirche plötzlich ein lautes «Immer rein in den Puff, it's showtime!» – leider übertrug sich unsere Show nicht genauso in Olivias Club, das hätte mir gefallen.

So ein ähnliches Ding habe ich schon einmal erlebt. Das Landesjugendpfarramt in Schwerin verschickte nach der Wende eine wunderbare Kassette mit moderner geistlicher Musik, einer Kantate namens «Was ist der Mensch?», an alle Jugendmitarbeiter. Auf einer langen Fahrt nach Taizé (immerhin vierzehn Stunden im Bus) glaubte ich, den Jugendlichen etwas Gutes zu tun, sie waren ja alle mit einem Walkman ausgestattet, und gab ihnen jene Kassette mit dem Hinweis: «Das ist schon mal eine gute Vorbereitung auf die kommenden Tage.» Sie gaben mir irgendwann die Kassette zurück, ohne ein Wort. Später, lange nach der Taizé-Fahrt, hörte ich mir die Kassette im Auto an, fiel aus allen Wolken und musste trotzdem lachen. Statt «Was ist der Mensch?» hörte ich «Das erste Mal», produziert von Beate Uhse. Ich hielt das zunächst für einen Scherz, aber das Landesjugendpfarramt klärte diese Verwechslung auf – ein Fehler der Produktionsfirma war der Grund, und so waren die Jugendlichen im Bus und ich später im Auto zu Recht irritiert. Ein klassisches Missverständnis. Was hatten die Jugendlichen wohl gedacht, als sie von mir diese Kassette erhielten? Es ist gut, solch irritierende Situationen gleich anzusprechen.

Und möglicherweise wurden junge Männer, die sich die

Aufklärungskassette im Beate-Uhse-Shop kauften, mit frommer, geistlicher Musik beglückt.

Olivia Jones thematisiert in ihrem Buch auch die Beichte, so wie Udo L. und andere aus dieser Branche bisweilen. Mir ist das lieber, als bedienten sie irgendwelche Klischees oder Vorurteile wie «Die Katholiken holen sich in der Beichte eh nur einen Persilschein und machen so weiter wie immer». Ich glaube überhaupt, dass das Thema Beichte die Phantasie vieler Menschen anregt. Und ich glaube auch, dass manch ein Priester dazu einiges beigetragen hat. Dabei ist der Vorgang der Beichte eine Art seelischer Hygiene. Der Priester selbst repräsentiert im Beichtstuhl den schweigenden Gott, das heißt: Er ist ein Hörender. Und nach der Beichte muss und darf sich jeder darauf verlassen, dass das Schweigen bestehen bleibt. Wer beichten möchte, betritt den Beichtstuhl oder das Beichtzimmer gewissermaßen mit seinem/ihrem Lebensbuch, das er oder sie unsichtbar unterm Arm mitbringt. Und nur die Seite, die er oder sie aufschlägt, ist Thema. Es ist uns Priestern nicht erlaubt, ungefragt im Lebensbuch eines anderen Menschen zu blättern und womöglich die eigene Neugier zu befriedigen (und manchmal sogar noch mehr). Für die einen ist die Beichte sicherlich ein routinemäßiger Akt, den sie ab und zu, manche sehr regelmäßig abhaken – für andere, und das erlebe ich eben auch sehr oft, ein Angebot, das eigene Leben zu reflektieren. Sie ist dann ein Ort, der im besten Sinne des Wortes Entlastung schenkt. Wir bräuchten vermutlich weniger Psychiater und Therapeuten, wenn wir einen solchen Ort ab und zu aufsuchten und unsere Lebenslast abstellten, um danach etwas unbeschwerter und leichter weiterzuziehen.

Eine große Ehre erfuhr ich, als Olivia auf der Großen Freiheit ihren neuen Laden «The Bunny Burlesque» eröffnete. Ich war wohl nicht explizit als Pfarrer, sondern als Nachbar geladen, und die ganze erlauchte Kiezprominenz war gekommen – dementsprechend war das Blitzlichtgewitter. Olivia platzierte mich neben ihrer Mutter, und wir kamen schnell ins Gespräch. Doch dann öffnete sich der Vorhang, und die Show begann. Oha, dachte ich, wenn ich jetzt gehe, bestätige ich alle Klischees, die man einem katholischen Pfarrer gerne ans Revers heftet, zumal ich als solcher wegen meines Priesterkragens deutlich erkennbar war. Also: sitzen bleiben. Es dauerte nicht lange, da klopfte mir Udo auf die Schulter und sagte: «Karl, das ist nichts für dich, komm, wir ziehen noch 'ne Runde.» Er hatte wohl von ferne mein Unbehagen bemerkt und die Sache genial gelöst, denn mit ihm gemeinsam war das Verlassen des Raumes völlig unverfänglich. Später erzählte mir Olivia, dass ihre Mutter von mir enttäuscht war – eine Dame einfach sitzen zu lassen, ist wahrlich auch nicht die feine englische Art.

Auch zu den anderen Klubs auf der Großen Freiheit habe ich Kontakte. Einmal im Jahr, am Tag des offenen Denkmals, werden durch die Große Freiheit kurze kostenlose Kult-Kieztouren angeboten, vom Beatles-Platz durch die zahlreichen Läden bis schließlich zur Kirche St. Joseph. Die Menschen spüren, wie aus großen Freiheiten in rund vierhundert Jahren das wurde, wofür heute ganz St. Pauli steht. Ein pinkfarbener Flyer «Eure Große Freiheit: 400 Jahre SEX, DRAGS & ROCK'N'ROLL!» macht in vielen Hotels auf uns aufmerksam – und die katholische Kirche ist mittendrin!

Davidwache

Mit ganz anderen «Sündenregistern» haben die Beamten des berühmtesten Polizeireviers Deutschlands zu tun. Auf der Partymeile geht es ja nicht nur mit «rechten Dingen» zu. Oft, besonders an Wochenenden, werden viele Kulturveranstaltungen besucht, die allesamt am frühen Abend beginnen und danach in irgendwelchen Bars oder Kneipen nach Mitternacht allmählich ausklingen. Bis dahin geht es meist friedlich, ausgelassen und fröhlich zu, aber dann, zwischen 2 und 3 Uhr, kippt oft die Stimmung, es wird aggressiver und auch deutlich krimineller, Taschendiebstähle und Belästigungen und sexualisierte Gewalt bis hin zu Schlägereien nehmen zu. Der Alkohol- und Drogenkonsum enthemmt viele zusätzlich. Ab dann haben die Beamten in der Davidwache bis in die Morgenstunden deutlich mehr zu tun.

Am 6. Januar jeden Jahres mache ich meine Kiezrunde und segne viele Kneipen, Häuser, und auch die Davidwache. Viele Beamte sind anwesend, wenn ich im vollen Ornat die Wache segne, auch viele Passanten sind überrascht:

«*Herr, segne dieses Polizeirevier,*
segne alle, die hier arbeiten
und segne auch jene,
die hier freiwillig und unfreiwillig
ein und aus gehen.»

Es mag wohl viele Gründe geben, weshalb jemand freiwillig oder unfreiwillig die Schwelle der Davidwache überschreitet. Aber keiner sollte allzu selbstsicher auf andere zeigen – zu schnell bist du selbst in einer Situation, die dazu führt, dass du auf dem Revier landest. Und erst recht sollte niemand sagen: «Bin ich froh, dass ich nicht so bin wie die anderen», oder wie es in einer biblischen Geschichte heißt: «Gott, ich danke dir, dass ich nicht wie die anderen Menschen bin, die Räuber, Betrüger, Ehebrecher oder auch wie dieser Zöllner dort» (Lk 18, 9 ff.). Am Ende bin ich nämlich selbst der «arme Sünder». Zumal, und davon bin ich überzeugt, Abstürze und Abgründe potenziell in jedem Menschen schlummern – also richtet sich mein Dank an den Himmel, dass ich bislang einigermaßen bewahrt und verschont geblieben bin. Und dabei denke ich nicht gleich an Fritz Honka und seine Opfer aus der Absturzkneipe «Zum goldenen Handschuh» am Hamburger Berg oder an andere Kiezlegenden.

Von Anfang an, seit 2010, hatte ich gute Kontakte zur Davidwache, besonders zu den bürgernahen Beamten. Regelmäßig tauschen wir uns über die allgemeine Stimmung oder über Aktuelles aus, es gibt immer genug Themen. Ende 2013 überlagerten sich gleich drei Konflikte: Der Kampf um die Rote Flora, um das Bleiberecht der Lampedusa-Flüchtlinge und der Protest gegen den Abriss der Esso-Hochhäuser. Die Situation eskalierte, als die Hamburger Polizei gewaltsam einen Demonstrationszug anhielt und als Antwort auf den Verlust von Autorität auf St. Pauli sogenannte Gefahrengebiete einrichtete. St. Pauli erfand die Klobürste als Zeichen des Zorns und rief zur Kissenschlacht auf der Reeperbahn auf. Die amerikanische Botschaft warnte daraufhin vor einem Besuch der gefährlichen Hansestadt. Die Perle an der Elbe fand plötzlich weltweite Beachtung; doch ganz so harmlos waren diese Ereignisse nicht, es gab auf beiden Seiten erhebliche Verletzungen.

Jedes Jahr am 1. Mai wird auf dem Schulterblatt, einer Straße im Schanzenviertel, ein Ritual zelebriert: Vermummte Aktivisten mit viel Radau auf der einen Seite und die Hamburger Polizei mit einem ihrer Wasserwerfer auf der anderen Seite kommen sich Schritt für Schritt entgegen. 2012 schaute ich mir dieses Ritual aus der Nähe an. Langsam ging ich zum Wasserwerfer und berührte ihn mit meiner Hand. Sofort waren Beamte zur Stelle. «Wenn ich Euren Wasserwerfer mit meiner geweihten Hand berühre, dann verwandelt sich die Dusche in Weihwasser, denn das hier ist mein Revier, ich bin hier der katholische Pfarrer!» Und da ich ähnlich wie die Aktivisten ganz in Schwarz gekleidet war, akzeptierten sie diesen Humor ganz und gar nicht und verjagten mich.

2014 feierte die Wache ihren hundertsten Geburtstag. Innensenator, Polizeipräsident, die Beamten der Wache selbst und einige Gäste aus dem Stadtteil waren geladen, dazu gehörte auch meine Wenigkeit, das empfand ich als ein Zeichen der Verbundenheit, des Vertrauens und des guten Miteinanders.

2017 eskalierte die Situation allerdings vollends. Der Erste Bürgermeister der Freien und Hansestadt Hamburg Olaf Scholz von der SPD und die Bundeskanzlerin Angela Merkel von der CDU hatten die Welt zum G20-Gipfel in die Metropole nach Hamburg eingeladen – ausgerechnet in der Nähe des Ortes, an dem man sich mit «Straßenkampf» auskennt, sollte dieser Gipfel stattfinden. Scholz hatte die Hamburger im Vorfeld beruhigen wollen und die Veranstaltung mit einem Hafengeburtstag verglichen. Nun, der G20-Gipfel-Hafengeburtstag lief dermaßen aus dem Ruder, dass das Bild der Stadt eher an einen Bürgerkrieg erinnerte. Den Preis zahlten Hamburgs Bürgerinnen und Bürger. Wenn die Stadt eine Seele hat, wurde sie in diesen Junitagen tief verletzt. Die Politik musste die Frage beantworten, ob sie wegen ein paar Wahlkampfbildern (im September 2017 waren Bundestagswahlen) ein solches voraussehbares Risiko eingehen durfte. Die Polizei musste die Frage beantworten, ob sie auf diese Eskalation angemessen vorbereitet war. Die autonome Szene musste die Frage beantworten, was ihre Gewaltbereitschaft und Zerstörungswut mit linken Positionen zu tun hat.

Auch wenn die Wunden vernarbt sind, es bleibt ein Trauma. All diese Themen haben wir, die Beamten der Davidwache und ich, besprochen, als mich kurz nach dem Gipfel sechs Beamte der Davidwache nebst Revierleitung in St. Joseph besuchten. Wir vergewisserten uns erneut, dass wir auf jeweils eigene Weise Verantwortung für das Ganze tragen und daher eine wohlwollende Verbindung zwischen Davidwache und St. Joseph für alle gut ist. Zudem haben wir es ja auch oft mit denselben Leuten zu tun, natürlich auch wiederum auf jeweils ganz eigene Weise.

Der Millerntor-Club – FC St. Pauli

Es gibt wohl kaum einen anderen Club auf St. Pauli, der so viel Identität stiftet wie eben der FC St. Pauli. Er ist allgegenwärtig und spiegelt das Lebensgefühl der St. Paulianer exakt wider: tolerant, liberal, sozial, chaotisch, flexibel, bunt und milieu- und generationsübergreifend. Wie kaum ein anderer Fußballclub in Deutschland verkörpert der FC St. Pauli diese Werte und macht ihn daher auch zum unwiderstehlichen Kult-Club.

Schnell nahm ich Kontakt auf, um nicht nur meine persönliche Sympathie zu zeigen, sondern um klarzumachen, dass es sehr sinnvoll und zielführend ist, wenn es eine gewisse Vernetzung auf St. Pauli gibt. Die Kiezkultur lebt davon, dass sehr verschiedene Institutionen, Gruppen und auch einzelne Menschen sich respektvoll, tolerant und wohlwollend begegnen. Manchmal schickte ich dem Präsidium zum Weihnachtsfest und zum Jahreswechsel eine Karte – so auch 2013. In Rom hatte ich in der Kirche «Santa Maria sopra Minerva» ein Foto eines Totenschädels gemacht, dem Präsidium etwas zur Bedeutung und zur Symbolik des Totenschädels geschrieben und ein heiteres Gedicht ergänzt: «Kleine Vatikan-Zeichenkunde für die Sixtinische Kapelle».

Weißer Rauch steigt auf = neuer Papst
Schwarzer Rauch steigt auf = kein neuer Papst
Sehr viel weißer Rauch steigt auf = Besuch von Helmut Schmidt
Sehr viel schwarzer Rauch steigt auf = Sixtinische Kapelle brennt
Luftballons steigen auf = Kindergeburtstag
Tauben steigen auf = Hochzeitsfeier
Lasershow steigt auf = After-Konklave-Club
Mann in Schwarz steigt auf = Schornsteinfeger
Fledermäuse steigen auf = Kellertür offen gelassen
Riesiges Feuerwerk steigt auf = zu viel Messwein
St. Pauli steigt auf = Wunder

Solche und andere Korrespondenz trug dazu bei, dass zwischen mir und dem Verein gute Beziehungen wachsen konnten. Geplant waren Führungen der Spieler durch Kirche und Krypta und Besuche von uns im Stadion. Für eine Gruppe aus Afrika, die uns im Bistum besuchte, war ein Fußballspiel im Millerntor-Stadion eine riesengroße Überraschung und ein ebenso riesengroßes Erlebnis.

Außerdem lautet der Name des Präsidenten Göttlich – ich bin also sicher, dass wir bald nach der Pandemie wieder an alte und gute Erfahrungen anschließen können. Zumal mit Schalke, Werder, Dynamo und Hansa die Liga noch attraktiver geworden ist.

Kneipen und andere Nachbarn

Mir war von Anfang an klar, dass wir als katholische Kirche raus aus unserer Nische müssen, raus aus unserer selbst gewählten Isolation und rein in die bunte Stadtlandschaft von St. Pauli – da gehören wir hin, immer mittendrin.

Dabei ging es uns und mir nicht um bloße Popularität, um Anpassung oder gar Anbiederung, sondern darum, in einer offenen und pluralistischen Gesellschaft nicht einfach abseitszustehen und abseitsstehen zu wollen, einfach nur zuzuschauen, wie sich hier auf dem Kiez direkt vor unserer Kirchentür Entwicklungen vollziehen. Und wir waren und sind überzeugt, dass gerade diese bunte Stadtlandschaft auf die Botschaft des Evangeliums nicht verzichten muss, dass wir ihr diese schulden. Aber eben nicht durch «aggressive Missionierung», sondern durch einen Beitrag in Solidarität mit anderen. Über soziale Nöte habe ich geschrieben und auch über andere unsichtbare Nöte. Eine der vielen Nöte in unserer Gesellschaft ist die Orientierungslosigkeit. Das Leben in unserer modernen oder, wie manche sagen, postmodernen Zeit ist sehr vielschichtig, unübersichtlich, widersprüchlich, verwirrend geworden. Die Angebote, die die Menschen umwerben, haben sich vervielfacht. Dafür steht exemplarisch der Kiez. Es ist schwer geworden, in diesem für viele geradezu chaotischen Durcheinander einen Weg für sich zu finden. So zu leben, wie Menschen vor uns gelebt haben, ist nicht mehr möglich, denn die Welt von heute und morgen ist eben nicht die Welt von gestern. Wer eine solche Welt heute und hier auf St. Pauli sucht, findet nur Klischees von gestern. Und wenn gerade in kirchlichen Kreisen die Welt von gestern festgehalten werden soll, ist das ja eine der Gründe, weshalb Kirche nicht nur für viele Zeitgenossen unverständlich wirkt und unzugänglich wird, sondern sie verliert auch für viele ihre Attraktivität.

Die Stadtlandschaft auf St. Pauli hat sich verändert und verändert sich dauernd. Die Zeit, in der man gemeinsam «wanderte», ist vorbei. Wir leben heute mit der Chance und mit der Last des eigenen Weges. Auch mit physiologisch gesunden Augen kann es eine Not werden, einen gangbaren Weg für sich zu sehen, zu finden, zu gehen. Denn es müsste ja ein Weg sein, den man in Freude wie in Not, in der Hoffnung wie in der Angst, mit oder ohne Arbeit, gesund oder krank gehen könnte. Es müsste sogar ein Weg sein, der noch im Sterben offen ist.

Mit anderen gemeinsam solche gangbaren Wege zu suchen und zu begehen, beschreibt einen Aspekt unserer Kiezpastoral: «Herr, wohin sollen wir gehen?» Nicht für andere und schließlich für sich den Weg schon zu kennen glauben, sondern wirklich offen zu sein, das war und ist eine Erfahrung, die mich schon lange begleitet. Ein Motto auf meiner Pilgerfahrt durchs

Leben lautet: «Weg wird Weg im Gehen!» Nicht aus Verlegenheit, aus Willkür, aus einer Laune heraus bin ich meine Wege gegangen – natürlich war immer etwas von allem mit dabei –, sondern weil ich einen Ruf gehört und weil ich diesen inneren Ruf angenommen habe. Deshalb wurde mein Leben anders und in einem tieferen Sinne alternativ, nicht mehr angepasst an das, was «man» denkt, was «man» macht, wie «man» lebt. Und darauf kommt es mir an: den eigenen Weg finden und gehen als Kind, als Jugendlicher, als Erwachsener und (so Gott will und ich lebe) auch als Greis. Und das hängt tief mit der Frage: «Wer bin ich?» zusammen. Nur, und das ist meine Lebens-Erfahrung, wenn ich selbst gegründet bin, kann ich offen sein für andere. Ohne eigene Gründung muss ich mich anderen gegenüber permanent bewusst oder oft auch unbewusst abgrenzen durch Dogmatisierung, Moralisierung, Ideologisierung und eben auch durch die Verbürgerlichung des Glaubens, das alles sind «Schutzmauern». Die zentrale Botschaft heißt für mich «Zur Freiheit hat uns Christus berufen» (Gal 5,1). Diese Worte sind die kürzeste und wohl prägnanteste Zusammenfassung der christlichen Botschaft und geben dem Ort unseres und meines Tuns (Große Freiheit!) erst den eigentlichen Impuls.

ASPEKTE EINER GESELLSCHAFT UND EINER KIRCHE DER ZUKUNFT

Wie unterschiedlich ich im Lauf meiner Lebensgeschichte auf die Frage nach dem Sinn des Lebens geantwortet habe, das zeigt die Vielfalt der einzelnen Etappen. Ich kann nicht sagen, dass ich damit nun fertig bin. Solange ich atme, wird mir diese Frage immer wieder neu gestellt und verlangt immer wieder neue Antworten – von mir persönlich. Das Ganze ist ein Wachsen und Reifen. Und dass viele Menschen mein Wachsen und Reifen beeinflusst und begleitet haben, stimmt mich dankbar, und umgekehrt habe ich in den verschiedenen Etappen meines Lebens meinerseits Menschen beeinflusst und begleitet. Ein Urteil darüber müssen andere fällen. Dankbar wäre ich natürlich, wenn es gnädig ausfiele.

Im Rückblick ragen drei Ereignisse aus den vielen heraus: die politische Wende 1989/90, meine Konversion 1998 und die Covid-19-Pandemie seit 2020. Alle drei Ereignisse hatten es in sich und haben mein Leben auf ganz eigene Weise verändert.

Die politische Wende 1989/90 hatte sich angedeutet und forderte mich heraus, Farbe zu bekennen. Ich stand nie auf der politischen Bühne oder in der ersten Reihe, und dennoch war ich engagiert mit dabei und sorgte mit vielen anderen dafür, dass diejenigen, die auf der Bühne oder in der ersten Reihe standen, wussten, sie sind nicht allein, wir sind viele. Auch meine Konversion hatte sich angedeutet, sie verlangte von mir allerdings eine ganz persönliche und beherzte Entscheidung. Für beide Ereignisse galt, dass ich alte Räume verlassen und neue betreten musste – mehr oder weniger freiwillig. Die Konversion zog gleich zwei Raumveränderungen nach sich: Ich wechselte in den größeren katholischen Raum, und ich verließ Mecklenburg und damit Ostdeutschland. So wurde ich ein Wanderer zwischen den Welten. Die Pandemie kam so ziemlich unvorbereitet über uns, und zwar gleichermaßen, sie betraf ausnahmslos alle. Und sie legte offen, wie es wirklich mit unserer Gesellschaft bestellt ist, wo wir tatsächlich stehen und um welche Defizite wir uns herumgemogelt haben, und zwar schon sehr lange. Obwohl wir weltweit zu den größten Industrienationen gehören und das auch selbstbewusst anderen gegenüber geltend machen, hat die Pandemie doch gezeigt, dass wir organisatorisch und technisch schlecht aufgestellt waren. Zudem wurde uns in ganz eigenartiger Weise der Roman «1984» von Georg Orwell in Erinnerung gerufen, und da meine ich nicht nur den gläsernen Menschen, sondern auch eine schleichende Verwüstung der Kultur, ich meine den öffentlichen Diskurs und die staatliche Einkassierung der Bürger- und Freiheitsrechte, wenn auch pandemiebedingt teilweise gerechtfertigt. Wenn jedoch bedacht wird, welche Rolle die Parlamente spielten und eine Ministerpräsidentenkonferenz, die die Verfassung gar nicht vorsieht, dann ist eine gewisse Skepsis mehr als angebracht. Während ich zuvor neue Räume betrat, wurde ich, wurden sehr viele Menschen genötigt, sich in alte, vorhandene Räume zurückzuziehen. Da waren Hausbesitzer und Bewohner von großen oder größeren Wohnungen mit Garten oder wenigstens Balkon privilegiert. Wir möchten uns nicht wirklich ausdenken, was während der vielen Ausgangssperren in kleinen, beengten Behausungen passiert ist und mit welchen Folgen Kinder und Jugendliche klarkommen müssen.

Wie wird es aber nach der Pandemie weitergehen? Streben wir sofort den Status quo an, ein «Weiter so», oder haben wir etwas gelernt? Wird die einzige Sorge dem Wachstum und dem Wohlstand gelten, oder werden innovative, nachhaltige, gerechte, soziale, ökologische und ökonomische Notwendigkeiten ein Fest der Versöhnung feiern? Die Zeit drängt, und sie ist reif! Es ist fünf nach zwölf! Und damit ist nicht eine Uhr gemeint, die etwas nachgeht, sondern ein Zeitpunkt, ein sensibler Zeitpunkt.

Im Griechischen werden für Zeit ebendiese beiden Begriffe verwendet: Kronos und Kairos. Kronos, die Uhrzeit, und Kairos, der rechte Zeitpunkt, der reife Augenblick. Jedenfalls ist es sehr zu wünschen, dass die Öffentlichkeit (und damit meine ich vorwiegend Medien und Politik) nicht sofort zur Tagesordnung übergeht, sondern tatsächlich mal innehält. Ein Freund, der Galerist Siegfried Sander, hat mir und vielen zu Weihnachten und zum Jahreswechsel 2020/21 einen wunderbaren Gruß zum Nachdenken geschickt: «Manchmal ist die Zukunft jetzt.»

Dieser Satz bringt vieles auf den Punkt. Großes hat oft seinen kleinen und unscheinbaren Ursprung. Mich interessiert in diesem Kontext die Frage: Welche Konsequenzen zieht die Menschheit daraus? Hat sie eine Vision? Darauf müssen Wissenschaftler, Wirtschaftsleute, Politiker, Künstler und auch Christgläubige eine Antwort entwickeln, und darauf muss auch jeder einzelne Mensch in irgendeiner Form individuell reagieren.

Ohne Vision keine Zukunft – das gilt auch für (m)eine Kirche. Dabei will ich ausdrücklich anerkennen, dass alles sehr klein beginnt und eine Veränderung gleichzeitig und weltweit fast unmöglich erscheint. Aber das Kleine muss halt beginnen! Und es begann ja auch klein, vor 2000 Jahren, in Bethlehem, jenseits der großen Metropolen, abseits der gewichtigen Weltgeschichte. Ein kleines Kind sollte die Welt in Ordnung bringen. Ein kleines Kind sorgte für eine weltweite Pandemie, ein Virus hat sich im Lauf der Menschheitsgeschichte verbreitet, unendlich viele Menschen wurden infiziert, alle Kontinente sind davon betroffen. Meist hat die Krankheit ein Vorstadium: Unruhe, Unzufriedenheit und laut gestellte Fragen. Die Übertragung erfolgt durch direkte Ansteckung. Der Virus springt über von Menschen, die schon angesteckt waren.

Schließlich stellte sich eine Herdenimmunität ein, eine Gewöhnung, eine Routine, ein ungerechtfertigter Anspruch – zum Beispiel der der Staats- oder Volkskirche. Alles muss klein beginnen, alles hat mit dem Mann aus Nazareth klein begonnen, mit einem Zwölfer-Arbeitskreis. Kann es sein, dass wir wieder neu von seiner Idee angesteckt werden müssen, neu infiziert vom «Jesus-Bazillus», von der Vision eines Gottesreiches? Es beginnt immer sehr klein, wie uns das Gleichnis vom Senfkorn (Mk 4, 30 ff.) erzählt. Es ist so klein, dass man es übersehen kann. Selbst wenn man es sieht, wird man nicht gezwungen, es ernst zu nehmen. Im Grunde muss es bei mir beginnen, Jesus muss immer wieder in mir geboren werden, Kirche muss in meiner Seele neu erwachen.

Wie viele Menschen unserer Zeit seufzen darunter, dass die Kirche die Fühlung mit der lebendigen Gegenwart verloren hat. Wie viele ersehnen sich eine neu aus dem Boden gestampfte

Religion, eine Kirche, die der Wissenschaft und der Kultur ihr volles Recht lässt und die alten religiösen Wahrheiten, die unsere Mütter und Väter gestärkt und ausgerichtet haben, im Geist und in der Sprache unserer Zeit neu verkündet. Was hier programmatisch und knapp angedeutet wird, zeigt an, wie viele Menschen die Kirche, in der sie leben, nicht mehr akzeptieren, weil sie als Institution sich nicht auf der Höhe der Zeit befindet und sich nicht aktiv mit dem, was die Gegenwart geistig bewegt, auseinandersetzt, weil sie nicht mehr persönlich als Lebenshilfe erfahren wird, weil sie den Mangel verwaltet und keine wirklichen geistigen und geistlichen Impulse setzt. Die wichtigsten Stichwörter während der Pandemie waren in den kirchlichen Verlautbarungen Abstandsregelung und Hygienekonzeption. Ob dem Ganzen ein Sinn abzugewinnen sei, war kaum ein Thema. Aber genau darum geht es: dass die Kirche der Zukunft nur dann relevant ist, wenn sie wieder zur Sinngeberin wird und wenn in ihr der Mensch wieder ganz existenzielle Erfahrungen machen kann. «Ohne den christlichen Stoff, das Element des Lebens, des Geistes und der Imagination, Inspiration, Intuition ist eine positive Bewusstseins-Entwicklung nicht möglich», sagt Joseph Beuys. Alles muss klein beginnen, bei mir: «Herr, erneuere deine Kirche, und fange bei mir an!»

Aspekte einer Gesellschaft und einer Kirche der Zukunft hängen auch damit zusammen, ob wir uns den Luxus einer Vision erlauben oder ob wir mit Helmut Schmidt sagen: «Wer Visionen hat, sollte zum Arzt gehen!»

Meine Vision von einer Kirche der Zukunft:

Sie, und nun rede ich von der römisch-katholischen Kirche, sollte in einer säkularisierten Gesellschaft neu die Gottesfrage stellen und dabei auf einen allein selig machenden Anspruch verzichten. Ihre «religiöse» Kompetenz und Erfahrung reichen aus, um mit Toleranz und Respekt neue Dialogpartner in einer offenen Gesellschaft zu suchen und zu finden. Das gilt sowohl für den überkonfessionellen/interreligiösen Dialog – da könnte es noch mehr ökumenisches Interesse und ökumenische Weite geben, mehr Mut und Zuversicht – als auch für Gesprächspartner im sozialen und kulturellen Raum der Gesellschaft. Besonders hier könnte sich die Kirche in eine echte Beziehung auf Augenhöhe begeben, sie könnte geben und nehmen, lehren und lernen und so wieder an öffentlicher Akzeptanz gewinnen. Denn in einer sozial-kulturellen Beziehung wächst Vertrauen, das der Kirche erheblich verloren gegangen ist. Sie sollte auf die vielfältigen Stimmen unserer Zeit hören: auf Dichter und Denker, auf Philosophen und Politiker, auf Psychologen und Soziologen, auf Frauen und Männer in der Sozialarbeit und besonders auf die leisen Stimmen der Frauen und Männer auf den staubigen Straßen dieser Welt. Dazu sagt das II. Vatikanische Konzil (1962–1965): «Die Kirche hat die «Zeichen der Zeit» wahrzunehmen und die Angst und Hoffnung der Menschen in der Welt zu ihren eigenen zu machen.» Nach innen und außen könnte und müsste sie das Übersetzen der Frohen Botschaft neu lernen, damit meine ich weit mehr als «nur» eine Predigtvorbereitung: Sie müsste ihr Schatzhaus öffnen und ihre Schätze verteilen, sie eben nicht für sich ausschließlich als «Absicherung oder Rücklage» behalten. Einer ihrer Schätze ist zum Beispiel die Theologie, sie müsste wirklich relevanter sein vor allen notwendigen Struktur- und Finanzfragen, Werbestrategien und Marketingempfehlungen. Sie hat die Aufgabe, den Zeitgeist zu prüfen und die Geister zu unterscheiden: «Prüfet alles und behaltet das Gute» (1. Thess 5, 18). Die biblische Botschaft ist sozusagen Grundlage der Theologie. Sie hält mit ihren Worten, Bildern, Gleichnissen und Erzählungen eine unerschöpfliche Vielfalt und Vielzahl von Texten bereit, die zu tragen vermögen, wenn die großen Lebensthemen wieder stärker zur Sprache kämen: Schutz und Segen, Schuld und Vergebung, Leben und Sterben, Tod und Ewigkeit. Aber nicht nur bibelwissenschaftlich-exegetisch, sondern der Poesie des biblischen Wortes begegnen und in der Liturgie der ganzen Kirche die Fülle des Lebens feiern, das setzt aber voraus, dass die Kirche den Wert des Kultus neu entdeckt und aufhört, gerade diesen Bereich der Beliebigkeit und des Experimentes anheimzugeben. Denn wenn diese geistlichen Lebenserfahrungen «veräußert» werden, sind die «Innen-Räume» halt leer, auch das haben wir schmerzlich während der vielen Lockdowns erkannt. Die Kirche müsste, wenn sie von Erneuerung spricht, nicht nur angepasste Strukturen meinen, sondern die Art und Weise, wie sie den Menschen in seiner Existenz neu anspricht, indem sie Räume zulässt und öffnet für Zweifel, Ratlosigkeit und Klage, für Trauer über fremdes und eigenes Leid. Empathie und Solidarität mit Geflüchteten, mit Entrechteten, mit Benachteiligten, mit Alten, Schwachen und Kranken, überhaupt mit denen, die am Rand unserer Gesellschaft gedrängt wurden – ob selbst verschuldet oder nicht – müssen ernst zu nehmende Hauptwörter unseres Glaubens werden. Menschen begleiten und trösten würde heißen, mit ihren Widersprüchlichkeiten und Ambivalenzen des Lebens angemessen umzugehen, sie also nicht einfach «vertrösten» zu wollen. Hier eine Nähe und Kooperation mit anderen Menschen und Sozialverbänden zuzulassen und herzustellen, würde im besten Sinne des Wortes eine Vernetzung bedeuten, wie sie im Evangelium wohl auch gemeint sein könnte (Joh 21, 1–19). Und schließlich wird sie Vertrauen zurückgewinnen, wenn ihr eine Glaubwürdigkeit zugebilligt und abgenommen wird. Wenn sie nicht nur strukturelle Reformen durchführt, sondern wirklich geistlich und geistig umkehrt und zurückkehrt zum Ursprung ihres Glaubens, dann werden weniger Menschen Anstoß am Erscheinungsbild der Kirche nehmen müssen. Wenn Gedankenlosigkeiten und Lieblosigkeiten in den eigenen Reihen abnähmen, könnte der allgemeine Zuspruch zunehmen, und wenn eigene Schuld, eigene Versäumnisse eingeräumt und damit aufgeräumt werden würde, dann bekämen viele wieder Lust, sich auf Kirche einzulassen und alte beziehungsweise neue Wege mit und in ihr zuzulassen. Wenn die Kirche nie aufhört zu fragen, nie aufhört zu suchen, wenn sie den Mut hat, sich selbst in Frage zu stellen und den Humor, über sich selber lächeln zu können, wenn sie Freiheit verbreitet aus ihrem Glauben und Freude ausstrahlt aus ihrem Leben, wenn sie den Menschen neue Zuversicht schenkt und Frieden und Gerechtigkeit in die Tat umsetzt, wenn sie ein Ort der Menschlichkeit ist in einer unmenschlichen Welt, dann bräuchte sie keine Angst zu haben, von Gott und den Menschen verlassen zu sein, dann wäre sie selber ein Modell für eine gute Zukunft.

Zwischen Kirche und Kiez – ich bin bis zu diesem Buch fünfundsechzig Jahre unterwegs gewesen. Meine An-Sichten haben sich in diesen Jahrzehnten entwickelt. Sie erheben absolut keinen Anspruch, sondern wollen einladen zum Dialog oder einfach nur zur Lektüre. Mit dem Königsberger Philosophen der Aufklärung Immanuel Kant bin ich euch und Ihnen gewogen:

*Der Himmel
hat den Menschen
als Gegengewicht
zu den vielen
Mühseligkeiten des Lebens
drei Dinge gegeben:*

*die HOFFNUNG,
den SCHLAF
und das LACHEN.*

GEDANKEN AM SCHLUSS

Dem Wort *Gedanke* wohnt das Wort *Dank* inne. Denken und Danken stammen in unserer Sprache aus ein und derselben Wurzel.

Als Jugendlicher bin ich oft per Anhalter gefahren. Fremde Menschen hielten an und nahmen mich mit. Mal waren die Wegstrecken kurz und mal länger, aber immer waren diese Tramptouren ein Abenteuer, immer kam es zu interessanten Gesprächen und Begegnungen, und manchmal waren sie sogar schicksalhaft. Seit 1990 fahre ich selbst ein Auto und nehme Anhalter mit. Andere Menschen einsteigen lassen oder selbst einsteigen in das Gefährt eines anderen – dieses Bild steht am Schluss dieses Buches mit den vielen Gedankengängen, die meine geistliche Landkarte zeigen oder die durchwanderte Landschaft meines Lebens (Heidegger spräche von Gegend als Ort von Begegnung). Und dafür möchte ich am Schluss danken!

Dank ist immer eine angemessene Angelegenheit und zugleich auch ein Risiko, weil unbeabsichtigt jemand namentlich vergessen werden könnte. Deshalb dieses vorweg: Ich danke allen, die mich angenommen, mitgenommen, verstanden und wohlwollend begleitet haben! Meiner Familie, dem großen Freundeskreis, ehemaligen und gegenwärtigen Kollegen und so vielen Zeitgenossen. Wo immer ich eingestiegen bin oder einsteigen ließ, haben wir erfahren, dass Überraschendes in unser aller Leben kam, dass wir beschenkt und reicher wurden.

Zum Entstehen dieses Buches hat Susanne Frank maßgeblich beigetragen, sie gab den ersten Impuls zum Schreiben und begleitete dieses Projekt als Lektorin, dafür großen Dank mit einem ebenso großen Dank an den Rowohlt Verlag. Dank sage ich auch Udo Lindenberg für so viele inspirierende Momente der Freundschaft und für seinen Beitrag für dieses Buch.

Hamburg, im Spätsommer 2021
Karl Schultz